Adolphe Orain

Mes souvenirs

PREMIÈRES ANNÉES

J'ai assez écrit pour les autres, je veux cette fois, évoquer les souvenirs de mes premières années, de l'adolescence avec ses joies de courte durée, ses espérances et ses désillusions, de la jeunesse avec ses chagrins, ses larmes et les amis qui ne sont plus, de la vieillesse et de son cortège de jours sombres, de tristesse et d'angoisse.

Je suis né dans la petite ville de Bain, rue de la Rouëre, le 19 avril 1834.

Je fus envoyé en nourrice, chez la mère Barbotin, au village du Moulin-Neuf, sur les bords du Semnon. C'était une nourrice sèche qui avait la spécialité d'élever *au petit pot,* – le biberon était encore ignoré – de nombreux enfants de Bain. Elle occupait une misérable petite chaumière que je suis retourné voir bien des fois.

Le village du Moulin-Neuf s'abrite dans le repli d'un coteau au haut duquel est un pâtis sur lequel j'ai dû me rouler bien souvent.

C'est l'un des endroits les plus pittoresques de la commune, et c'est là, sans doute, que la Muse m'a touché de son aile pour faire de moi un pauvre rêveur.

Lorsque ma mère me rendait visite elle m'enlevait de mon berceau, malgré mes cris, pour me porter au bord de la rivière afin de me débarbouiller ce que la nourrice oubliait de faire.

J'avais environ deux ans lorsque je rentrai dans ma famille qui habitait toujours rue de la Rouëre, dans une unique pièce qui sert aujourd'hui de cuisine à l'hôtel de la Croix-Verte.

En face de nous vint demeurer un coutelier appelé M. Lefeuvre nouvellement marié à une grande et jolie femme qui m'attira chez elle où j'avais un plaisir extrême à voir repasser les couteaux et les ciseaux.

M. et Mme Lefeuvre étaient étrangers à Bain. Le mari est mort assez jeune, tandis que Mme Lefeuvre, pour laquelle j'ai toujours eu une véritable vénération, est morte âgée de plus de quatre-vingts ans.

Le bureau de l'enregistrement qui, à cette époque, avait pour titulaire M. Leconte, était à côté de nous en descendant la rue. Ma grand-mère – qui était aussi ma marraine – Mme Delaunay, tenait l'hôtel de la Croix-Verte et avait pour pensionnaire M. Leconte qu'elle estimait beaucoup. Aussi s'arrangea-t-elle de façon à faire épouser la fille d'une de ses amies, Mlle Vauquelin de Châteaubriant.

Lorsque les nouveaux époux furent installés près de nous, Mme Leconte ne tarda pas à me prendre en affection.

Il y avait dans le jardin de la Croix-Verte des grands buis, et la jeune dame ne manquait jamais, à l'époque de la mi-carême, d'y cacher des sacs de dragées, et à me dire : «Cherche dans le jardin, je suis persuadée que la mi-carême y a déposé quelque chose pour toi.»

Quelle joie! lorsque je découvrais les dragées.

Son mari s'étant un jour absenté, Mme Leconte vint me chercher pour déjeuner avec elle. Je devais avoir 3 à 4 ans.

Elle me demanda, en découpant un poulet rôti :

—Qu'aimes-tu mieux dans le poulet?

—J'aime mieux le café.

Je laisse à deviner si elle s'amusa à mes dépens, et si elle raconta ma réponse à tout le monde.

Quelques années plus tard, un lundi jour de marché, le bureau de l'enregistrement ayant fermé comme de coutume à 4 heures, M. et Mme Leconte, qui se rendaient à leur ferme des Riais[1], manger des cerises, me rencontrèrent au haut du chemin de Gravot, où j'étais à jouer avec d'autres enfants.

—Veux-tu venir avec nous? me dirent-ils.

Ayant appris le but de leur promenade je n'hésitai pas à les accompagner. Je ne prévins pas ma mère qui, j'aurai dû le supposer, devait s'inquiéter de mon absence.

Nous ne rentrâmes qu'à huit heures.

Ma pauvre maman redoutant un malheur, était dans les larmes lorsque, l'oreille basse, je rentrai au logis. J'eus beau expliquer que j'avais été emmené par M. et Mme Leconte, je n'en reçus pas moins une de ces corrections comme les mères de nos jours n'osent plus en administrer à leur progéniture.

Je n'en dormis pas moins d'un excellent sommeil.

❧ ☙

M. Blin, directeur des Postes à Rennes, mourut en 1834 sans laisser de fortune à de nombreux enfants.

Sur les instances de M. Jollivet, député, l'une de ses filles, Mlle Félicie Blin, fut nommée Receveuse des postes à Bain, quelques mois après ma naissance.

Elle venait, elle aussi, me prendre dans les bras de ma mère pour m'emporter chez elle. Si le sommeil s'emparait de moi, elle me déposait sur son lit où, paraît-il, je ne me gênais pas pour satisfaire de petits besoins.

Plus tard, elle aimait à me rappeler mon sans-gêne dans son lit, et s'il y avait des personnes présentes, j'étais on ne peut plus humilié.

J'aurai l'occasion de revenir sur le compte de Mlle Blin qui était une femme vraiment supérieure.

Vers l'âge de cinq à six ans, on m'envoya à l'école chez une vieille fille, Mlle Félicité Jollivel, qui apprenait à lire à de tout petits enfants des deux sexes.

Je n'y appris rien parce que je n'y allai ni souvent ni longtemps.

Sa classe était dans une chambre de la maison occupée aujourd'hui par l'épicerie de Mme Leray, place de la République.

Je m'aperçois qu'avant de parler des étrangers j'aurais dû, tout d'abord, m'occuper de mon pauvre père, malheureux dès au début de son mariage, et de ma bonne mère qui, malgré ses chagrins, nous élevait, mon frère et moi, comme des enfants riches lorsque nous étions presque dans la misère.

Mon père était le fils d'un paysan du village des Riais, et sa mère la fille d'un cultivateur du village de Launay près de l'étang de Bain.

Ma mère, Véronique Delaunay, fille du maître d'hôtel de la Croix-Verte, était fort jolie, mais n'avait pas de dot. C'est pour cela qu'elle épousa Jean-Baptiste Orain, beaucoup plus âgé qu'elle, qui possédait de la succession de son père décédé un petit capital d'environ quinze mille francs.

Mon père était, m'a-t-on dit, assez joli garçon, très doux, très rangé et très aimé de tous ses camarades. Malheureusement c'était un rêveur peu fait pour le commerce.

Ayant appris le métier de mégissier, il acheta un terrain au bord du ruisseau de l'étang, près du village de Pichard et fit construire une tannerie qui absorba la moitié de son capital. L'autre moitié fut affectée à l'achat de marchandises qui, espérait-il, devaient être rémunératrices.

Hélas ! un marchand de Rennes qui ne traitait jamais un marché avant d'être allé à la messe, qui ne se couchait jamais sans avoir récité, à haute voix, ses prières à genoux près de son lit, sut, par son hypocrisie gagner la confiance de mes parents qui lui livrèrent pour sept mille francs de laine dont ils ne touchèrent jamais un centime. Le misérable fit une banqueroute désastreuse pour tous ses créanciers.

Le découragement s'empara de mon père qui, pour continuer son commerce se vit dans la nécessité d'emprunter une somme équivalente à celle perdue, en se demandant comment et quand il pourrait la rembourser.

Très honnête et trop confiant, il fut encore exploité par des négociants de

Nantes qui lui livraient des peaux fraîches et les lui reprenaient une fois travaillées pour les vendre.

Que de fois j'ai vu mon père pleurer en recevant ses comptes de ventes où il s'apercevait qu'il avait travaillé sans aucun bénéfice et souvent avec perte. Il ne se doutait pas qu'il était volé comme dans la forêt de Bondy.

Le pauvre homme gémissait nuit et jour et se laissait aller au désespoir.

Ma mère, d'un caractère énergique, parvint par son courage et son travail, à élever sa famille et à payer les dettes de son mari.

Ma pauvre vieille tannerie, qui fut vendue le quart de ce qu'elle avait coûté aux miens, je ne puis la revoir sans une certaine angoisse. Aussi que de souvenirs elle évoque en mon esprit !

Mon frère et moi nous y passions tous nos jours de congés, et, chaque soir, à quatre heures, en sortant de l'école, nous allions demander à notre mère une tartine de pain et de beurre, que nous mangions, en dévalant au galop le chemin de Gravot, pour arriver plus vite sur les tas de tannée que nous manipulions comme font les enfants sur les grèves avec du sable.

Il y avait aussi une jolie fontaine, que cachaient de grandes herbes, et dans laquelle un jour le frère Jules tomba. Sa blouse, qui s'était gonflée le faisait flotter à la surface de l'eau. En entendant mes cris mon père accourut, saisit son fils, le déshabilla et l'enveloppa dans des peaux de moutons, puis un ouvrier l'emporta dans ses bras à la maison.

Quand je rejoignis mon frère, je le trouvai raclant d'un petit violon qu'on nous avait donné pour étrennes.

Nous avions, de temps à autre, une distraction à la tannerie qui nous intéressait infiniment. C'était avec impatience que nous attendions l'enlèvement des cuirs de ces grandes cuves, très profondes et à ras de terre. Voici pourquoi :

Les animaux qui grouillent la nuit sur la terre —et ils sont nombreux— ne se doutent pas qu'un trou béant est là devant eux, et ils s'y précipitent comme à plaisir. Il y a des rats, des mulots, des souris, des crapauds et quelque fois des belettes, pauvres bêtes affolées qui ne songent plus à se faire la guerre.

Nous nous allongions par terre, pour jouir, à notre aise, des efforts inutiles faits par ces prisonniers pour recouvrer la liberté.

Comme il était joyeux le petit ruisseau de l'étang dans les prairies derrière chez nous ; comme il était fleuri, tout l'été, le petit sentier qui dévalait de la route à la tannerie. Que de violettes nous y avons cueillies, que de joies nous y avons goûtées et qu'on ne connaît plus lorsqu'on descend l'autre versant de la vie.

Il y avait, comme toujours, une tache au tableau : nous avions pour voisins – il n'y avait que le ruisseau à nous séparer d'eux – deux êtres désagréables et même très méchants pour mon père qui était la bonté même.

C'étaient les deux frères Jollivel, l'aîné très grand et le cadet très petit, tous les deux connus sous le nom de *Grand et Bon Dieu*.

Ce dernier obéissait à son frère comme un enfant.

Il avait des manies insensées : son bonheur consistait à faire des cachettes dans les planchers des greniers, dans les murs, sous les toits, partout, pour y mettre, selon leur grandeur, sa montre, une bouteille de cidre ou tout autre objet. Il était très fier de voir que vous ne pouviez découvrir ces ridicules petites caches.

Il avait un tic des yeux, il sifflait presque toujours lorsqu'il ne chantait pas une chanson idiote dont le refrain était :

> *Napoléon a gouverné la France,*
> *Avec les gros bonnets,*
> *Avec les gros bonnets.*

La famille Jollivel, aujourd'hui éteinte, était nombreuse à Bain, et chaque homme avait un surnom.

Outre le Grand et le Petit Bon-Dieu, il y avait Jollivel *Crazon*, ainsi appelé m'a-t-on dit, parce que dans ses veillées d'hiver, il passait tout son temps à attiser le feu du foyer. Jollivel *Poto*, parce qu'à table, devant son couvert, il avait une sorte de hanap dans lequel il buvait.

Lorsque ma grand-mère Orain mourut mon père hérita la maison que nous avons toujours habitée depuis, place du marché.

C'était une petite vieille pas commode du tout que ma grand-mère Orain. Elle marchait en s'appuyant sur un bâton, et avait toujours l'air de mauvaise humeur.

Elle détestait ma mère qui ne l'aimait guère non plus. Je n'ai jamais su ce qu'il y avait eu entre elles deux.

Elle avait conservé au village de Launay une maison derrière laquelle étaient des noisetiers qui donnaient des fruits superbes. Lorsque nous lui rendions visite, mon frère et moi, elle attirait d'une armoire un sac de toile dans lequel elle enfonçait le bras et en retirait une poignée de belles noisettes d'Espagne qu'elle nous partageait.

Je crois bien que c'est tout ce que j'ai reçu d'elle.

Cette petite vieille, que je visitais rarement, et qui m'était antipathique en raison de sa haine pour ma mère, me faisait l'effet, avec son petit bâton, de la fée Carabosse dont j'avais lu le conte.

Ma grand-mère maternelle, en même temps ma marraine, était, elle d'une générosité sans égale.

C'était l'une des nombreuses filles du notaire Morel BoisGreffier. Elle avait épousé un militaire du Premier Empire, appelé Delaunay, et ils tenaient l'hôtel de la Croix-Verte dont ils étaient les propriétaires.

Outre leur hôtel, ils possédaient plusieurs beaux champs autour de Bain qu'ils faisaient cultiver par des journaliers. Il y avait le parc de Cogneuf, Conubet près de la Borgnière, la prairie de la Jaunaie qui m'appartient (le seul immeuble qui me vient de mes grands-parents Delaunay) le champ de Sabin à tante Leray et la pièce du Coudray à Marie Desgrées.

Le samedi soir les ouvriers employés à la culture des champs, et les femmes chargées de la lessive, venaient se faire payer, par maman Delaunay, leur salaire de la semaine. Nous avions soin mon frère Jules et moi, d'être là, au moment de la paye, parce que grand-mère en nous apercevant, ne manquait jamais de dire : «Approchez, vous aussi, que je règle votre compte» et elle nous glissait dans la main quelques menues monnaies.

Chère et bonne marraine, elle ne manquait jamais d'acheter, aux marchands qui descendaient chez elle, des coupons d'étoffe qu'elle remettait à ma mère pour me vêtir. Lorsque mes vêtements étaient devenus trop petits pour moi, ils passaient à mon frère qui n'était pas du tout ravi d'avoir ma défroque.

À la mort de leurs parents, et plus tard, au décès de plusieurs d'entre eux, les enfants Delaunay furent divisés par des affaires d'intérêts. Mes oncles Joseph et Victor, captèrent leur sœur Adèle, vieille fille qui leur légua sa part d'héritage. Joseph, en mourant, donna ce qu'il possédait à Victor. Malgré cela j'aimais bien mes oncles ainsi que mes tantes Mme Leray, Mme Desgrées et Mme Vincent.

Mon grand-père Delaunay n'était pas le moins du monde généreux. Il m'envoyait, chaque jour, lui acheter pour quatre sous de tabac à priser, dans une immense tabatière que je possède, et qui a une glace sous son couvercle. «Je te donnerai deux sous la prochaine fois », disait-il, mais la prochaine fois n'est jamais venue.

À l'époque des roses, il versait du tabac dans le calice de cette fleur, et la reniflait voluptueusement.

D'une gourmandise incroyable, il se préoccupait, chaque soir, de ce qu'il mangerait à son déjeuner le lendemain. C'était lui qui ordinairement préparait sa cuisine du matin. Son plat préféré était du foie de veau avec de la galette, le tout coupé en très petits morceaux fricassés dans la poêle.

Il couchait dans la cuisine de l'auberge et s'habillait devant tout le monde au coin du feu. En été, avant d'avoir mis son pantalon, il sortait en caleçon et en bonnet de coton, sur la place pour aller voir d'où venait le vent à la girouette placée sur la maison de M. Deluen.

Accompagné d'un petit chien, appelé Azor, il passait les beaux jours à se promener dans ses champs, tantôt avec une petite pelle en fer pour relever quelques mottes des talus, tantôt avec une serpe au bout d'un long manche pour couper le gui des pommiers.

Ses soirées se passaient dans le cabinet d'un café situé dans la grande rue, tenu par un étranger appelé Ubermulhem, mais qu'on ne connaissait que sous le nom de Ferdinand. Ce dernier épousa une jolie couturière appelée Nanon Moison, qui venait en journée chez ma mère. Deux filles naquirent de ce mariage, l'une d'elles est Mme Pavageon qui habite Redon, et que tout le monde connaît à Bain.

Chaque soir, à huit heures, si je me trouvais à la Croix-Verte on m'envoyait au café prévenir grand-père que le *souper* était prêt. J'aimais assez cela, parce que dans le petit salon du café où se tenaient les joueurs de cartes, il y avait une tapisserie représentant des paysages de la Suisse avec des chamois dans les neiges qui captivaient mon attention. Comme j'aurais aimé à avoir une chambre tapissée ainsi !

Mon grand-père était autoritaire et violent. La vie de sa femme (une sainte par ses charités et sa douceur) ne fut qu'un long martyre. Et cependant lorsqu'il perdit cette compagne, qui avait souffert sans se plaindre toutes ses brutalités, il eut un tel chagrin qu'il ne lui survécut pas. On le trouva, un matin, mort dans son lit.

Tante Angélique

Mlle Angélique Morel Bois-Greffier, sœur de maman Delaunay, passait une partie de ses jours à l'hôtel de la Croix-Verte, soit à raccommoder le linge, soit à surveiller le personnel.

C'était une vieille fille fort intelligente, sérieuse, sévère, revêche, ne plaisantant jamais avec personne, et ne supportant aucune plaisanterie de qui que ce fut.

Un jour, un fonctionnaire, pensionnaire à l'hôtel, l'appela : « ma petite bonne femme ». Tante Angélique se redressa de toute sa hauteur, et lui répondit : « il n'y a pas de petite bonne femme ici, mais il y a Mlle Morel Bois-Greffier. »

Le fonctionnaire en question ne se permit plus jamais de familiarité avec tante Angélique.

Ce fut la seule personne qui en imposa à son beau-frère Delaunay. S'il était en colère et qu'elle entrât dans la maison à ce moment, il se taisait ou s'en allait.

Lorsque tout le monde tremblait devant lui, elle semblait être chez elle, n'intervenait jamais dans les discussions, mais ne s'effrayait nullement de sa mauvaise humeur.

Le curé de la commune de Pléchâtel, (dans laquelle se trouvait le manoir du Bois-Greffier) avait en grande estime Mlle Morel, et chaque année la priait d'aller passer une semaine à son presbytère pour surveiller la confection des confitures devant servir de dessert pendant l'hiver.

Dans nos réunions de famille il était d'usage, à la fin du repas, que chaque convive dit sa chanson. Tante Angélique chantait toujours celle-ci :

> Notr' Saint Père, assis sur son trône,
> Qui rit, qui rit, qui (bis)
> Qui rit comme un fou !
> Ses cardinaux qui le regardent :
> —Saint Pèr' qu'a, qu'a, qu'a (bis)
> Saint Pèr'qu'avez-vous ?
> —Je me ris de tous ces Français
> Qui nous qui, qui, qui, (bis)
> Qui nous narguent tous.

Pauvre tante Angélique, elle tomba dans l'escalier de la petite chambre qu'elle occupait dans la grande rue, et se cassa la cuisse.

Malgré les supplications de tous les siens, elle ne consentit jamais à se laisser toucher la cuisse, même par un médecin, et resta alitée jusqu'à sa mort.

L'Hôtel de la Croix-verte

Je vois encore, comme à travers un prisme, l'hôtel de la Croix-Verte tel qu'il était lorsque j'avais dix ans. Il n'y a que deux pièces au rez-de-chaussée, une grande cuisine à droite en entrant, et la salle à manger à gauche.

Dans la cuisine était un grand coffre en bois rempli d'avoine. Pour éviter le gaspillage, le garçon d'écurie venait se faire mesurer le grain nécessaire à la nourriture de ses chevaux.

C'était sur ce coffre que l'on s'asseyait de préférence parce qu'il était situé entre la porte et la fenêtre, et que de là on dominait toute la cuisine sans déranger personne.

La cheminée de la cuisine était immense, on y brûlait des troncs de chêne non équarris. Elle était ornée de grands landiers en fer forgé. La plaque du fond de l'âtre avait des fleurs de lys et une couronne de marquis. M. Guérin de la Roche-Giffart la fit mouler, et cette copie est, à l'heure actuelle, dans la cheminée de la salle à manger du château de la Roche-Giffart.

Dans la salle à manger de la Croix-Verte était un secrétaire renfermant l'argent de mes grands-parents. Chaque matin papa Delaunay comptait sa bourse ; il empilait les pièces de cinq francs et les pièces d'or ; seulement comme il ne savait pas écrire, il était obligé de s'en rapporter à sa mémoire pour se rappeler le chiffre de son avoir. Il ignorait que grand-mère possédait une clef de ce meuble et prenait l'argent qu'il lui fallait pour payer les fournisseurs. Grand-père continuait, chaque jour, de compter son argent, sans se douter qu'on lui en avait pris. Quelque fois cependant il s'écriait : « Je croyais être plus riche que cela... »

Les demoiselles Jollivel, deux sœurs, venaient fréquemment en journée à l'hôtel pour raccommoder le linge. On avait pour elles beaucoup de déférence attendu quelles appartenaient à une vieille famille bourgeoise de la petite ville.

Elles avaient une servante qui, en hiver, apportait leurs chaufferettes, et le soir venait les chercher avec une lanterne.

Angélique avait un cou extrêmement long, et Marie-Josèphe un ventre énorme sur lequel elle joignait les mains en marchant.

Le Député de Fermon

M. de Fermon, député de notre circonscription, venait de temps à autre à Bain voir ses électeurs, peu nombreux à cette époque puisqu'il fallait payer deux cents francs d'impôts.

Papa Delaunay qui, en outre de son auberge, faisait commerce de marchand de bois, était électeur. Il était très fier lorsque M. le député lui donnait le bras et se promenait avec lui dans les rues de Bain. Un jour il dit à M. de Fermon :

—Vous devriez bien me faire avoir un bureau de tabac en raison de mes services militaires.

—Mon cher Delaunay, vous oubliez donc qu'après la bataille de Waterloo vous êtes parti avec armes et bagages, sans jamais vous préoccuper de ce qu'était devenu votre régiment. Vous n'avez même pas de livret. Avez-vous des pièces à produire l'appui de votre demande ?

—Hélas ! non.

—Alors taisons-nous.

Pendant tout l'hiver mon grand-père vint le soir, après son souper, au coin de notre feu, pour que je lui lise les guerres de Napoléon Ier, en dix ou douze gros volumes.

Cette lecture forcée me dégoûta pour le reste de ma vie de l'épopée napoléonienne.

Un autre hiver nous commençâmes un roman, dont l'héroïne la petite Bruyère avait une conduite tellement scabreuse que ma mère fit interrompre cette lecture. Mon grand-père reprit ses habitudes au café Gamblin.

Mon premier chagrin

Mon oncle Victor Delaunay, acheta un lundi au marché, un petit agneau blanc qu'il nous donna à mon frère et à moi.

Cet animal devint extrêmement familier. Il nous suivait comme l'eut fait un chien, et si, en jouant sur la place, après une discussion avec des camarades, nous en venions aux mains, il nous défendait en donnant des coups de tête à nos adversaires.

Nous lui avions confectionné un petit manteau en peau de veau, et nous le conduisions, chaque après-midi, avant d'aller à l'école, dans le champ de Sabin à maman Delaunay.

Hélas ! un soir nous ne trouvâmes plus, à la place où nous l'avions attaché, que ses pattes et des débris d'entrailles. Il avait été dévoré par un gros chien de garde appartenant à M. Deluen.

C'était en carême. À la nuit, ma mère m'emmena avec elle à l'église pour assister à la prière. Je ne cessai de sangloter pendant tout le temps de l'office.

Ce fut là le premier chagrin de ma vie.

La famille David

Une famille rennaise vint habiter Bain, près de chez nous, dans la maison de M. Jouon-Dufeuil qui est aujourd'hui la propriété de Mme Ange Jacquart. Elle tint un magasin d'épicerie dans la pièce du rez-de-chaussée occupé, au moment où j'écris ces ligues, par Mlle Herfroy.

Cette famille se composait d'une dame veuve, d'un fils appelé César et de nombreuses filles. L'aînée se nommait Julie. Le père, M. David, qui avait été huissier à Rennes, était mort poitrinaire en ne laissant aucune fortune. Ses filles, fort jolies, mais pâles et chétives, avaient malheureusement hérité de la maladie de leur père.

L'une d'elle, Clémentine David, était ravissante. Nous avions tous les deux le même âge, dix ans environ, et nous éprouvions un réel bonheur à être ensemble.

Nous allâmes un dimanche, elle et moi, avec une bande d'enfants, jouer dans un pâtis près du Château-Gaillard, sur la route de Rennes, et là nous prîmes l'engagement de nous aimer toujours.

Hélas! la mort la moissonnait quelques mois plus tard, et je dois le déclarer à ma honte, mon amour était déjà éteint.

J'ai cependant, dans le cours de mon existence, souvent pensé à cette pauvre enfant.

J'allais passer une partie des soirées d'hiver, chez Mme David qui était intelligente et instruite. Elle me donnait à lire *Robinson Crusoé*. C'était, je m'en souviens, une petite édition charmante en quatre ou cinq volumes très gentiment illustrés.

Je ne me lassais pas de lire et de relire cet ouvrage.

Cette famille David s'est éteinte, comme s'éteindra bientôt la mienne.

Le Papegai

On célébrait autrefois à Bain, la fête du roi Louis-Philippe par des réjouissances de toutes sortes, papegai, banquet, de joie, etc.

Le papegai était un pigeon de bois, planté sur la butte Bertaud, que les gardes nationaux et les chasseurs cherchaient à abattre.

Après la fête, nous autres enfants voulant imiter les hommes, nous mettions à une pomme de terre, une tête, des ailes et une queue en bois, et cette espèce d'oiseau, empalé au haut d'un bâton, était, au son du tambour, porté triomphalement dans une prairie. Là, avec des arbalètes, nous nous escrimions pour le flanquer par terre. Un de nos camarades appelé Auguste Compagnon, fils d'un ferblantier, nous fabriquait de petites lances qui placées au bout de nos flèches, entamaient la pomme de terre.

Un soir d'été, à la porte de la Croix-Verte, je jouais avec mon arbalète, lorsque vint à passer la fille du pâtissier Garel qui habitait la maison qu'occupe aujourd'hui Mme Perreux. Quelle idée me vint de l'ajuster? Toujours est-il que la flèche partit, et que la lance en fer-blanc l'atteignit à l'œil et lui fit une grave blessure.

Je frémis encore en songeant à cet accident, et à la correction qui me fut administrée par ma mère, correction comme les mères d'aujourd'hui n'en donnent plus à leur progéniture.

Puis, j'allai me coucher sans souper.

LES ÉPOUX GAULE

Le père et la mère Gaulé habitaient le rez-de-chaussée notre maison et nous les chambres.

Bain, n'était pas la coquette petite ville que l'on admire, et les époux Gaulé, comme tant d'autres, cultivaient quelques champs, logeaient des vaches dans une étable située dans la cour de la maison, et faisaient leurs fumiers devant leur porte. Bain était il y a soixante ans un grand village.

Les jeux des enfants changent avec les saisons. À un moment où les *pétoires* et les *giloires* étaient à l'ordre du jour il m'arriva encore une aventure désagréable.

Les *pétoires,* en sureau, lançaient des boulettes de filasse de mie de pain, ou de mastic, et les *giloires,* sortes de petites seringues, également en sureau, lançaient de l'eau.

Armé de ma giloire, je venais de prendre de l'eau dans une mare, près du fumier et je la lançais contre le mur de la maison juste au moment où la mère Gaulé sortait de chez elle. Elle avait une grande coiffe blanche qui fut salie par le purin du fumier d'une façon dégoûtante.

Elle poussa des cris terribles qui ne cessèrent que lorsque ma mère lui eut payé le blanchissage de sa coiffe.

La correction méritée ne se fit pas encore attendre.

Les Gaulé tenaient aussi une auberge, et logeaient de pauvres diables de voyageurs exerçant toutes sortes de petites industries.

Nous suivions, avec intérêt, mon frère et moi, par la fenêtre de notre chambre donnant sur la cour, le travail des rétameurs de casseroles, de fourchettes et de cuillères. Un trou creusé en terre et rempli de charbon devenait promptement un fourneau, à la braise incandescente, sur laquelle fondait l'étain destiné à donner le brillant aux ustensiles de ménage que les bonnes femmes apportaient aux travailleurs.

Cette industrie, et bien d'autres d'il y a un demi-siècle n'existent plus guère.

LES AMIS D'ENFANCE

La famille Regnault

M. Regnault, officier de santé, avait épousé une demoiselle Barbotin qui appartenait à la vieille bourgeoisie de Bain. Trois fils étaient nés de cette union: Gustave devenu un savant médecin, Arthur, architecte de nombreuses églises de l'Ille-et-Vilaine et Ernest, supérieur des Eudistes. Tous les trois, vivant en 1904, doivent leurs brillantes situations à leur travail et à leur intelligence.

Leur mère sut admirablement les élever. Elle apprit le latin et à lire le grec pour les faire travailler.

C'était une toute petite dame, pas belle, mais très bonne et excellente mère de famille.

Chaque jour, par n'importe quel temps, lorsque ses fils avaient terminé leurs devoirs, elle leur faisait faire promenade hygiénique. Les trois garçons étaient presque toujours tête nue. Il me semble encore les voir, tous les quatre, marchant très vite, et gravissant la côte de Cogneuf.

Ils habitaient, dans la grande rue, la vieille maison qu'occupe, aujourd'hui, ma cousine Désirée Facquart.

J'allais les voir souvent. Un jour ils me prêtèrent un ouvrage superbement illustré qui leur avait été donné, comme étrennes, par Mme de Coniac, mère. C'étaient les fables de Florian.

Je savais, presque par cœur, les fables de La Fontaine mais j'ignorais celles de Florian. Bien que ces dernières fussent bien inférieures aux autres, j'avais envie de les avoir et un dimanche, du matin au soir, sans sortir, je copiai le livre en entier.

Cet amour des fables me donna l'idée d'en faire quelques-unes. C'était la nuit, dans mon lit, que je m'exerçais à trouver des sujets que je mettais en mauvais vers.

Fier de mes œuvres, je les écrivais le matin et les lisais à mes parents qui eurent la malencontreuse idée de le dire à l'une de nos voisines, la mère Marmel, laquelle en fit des gorges chaudes. Mes camarades de l'école apprirent cela et se moquèrent de moi en m'appelant le fabuliste. Je fus pour toujours corrigé de faire des fables.

Combien en reste-t-il? de ces camarades de l'école du père Guillou, bien peu, hélas! Honoré Renaudet, qui tira au sort en même temps que moi. Victor et Elie Maquaire, fils d'un menuisier, qui demeuraient dans une petite maison basse de la place, en face de nous, les frères Paîtel, René Briand, Narcisse Paîtel qui ne se quittaient pas et que nous appelions Saint-Roch et son chien, Donnard et Gislais, du village de la Garçonnais, et tant d'autres tous morts.

Ceux-là furent bons pour moi; mais il en était un (Constant Tual) dont j'étais le souffre-douleur. Je le redoutais au point d'en être malheureux. J'aimais cependant son père, un petit tailleur estropié, courbé en deux, qui me disait de jolis contes lorsqu'il venait en journée à la maison.

Son fils quitta le pays, fut coq sur un navire, exerça plus tard le métier de tailleur comme son père, et devint un socialiste enragé. Il est mort, lui aussi, m'a-t-on dit.

Gislais, dont il a été question plus haut, fut l'un de mes bons amis, et plus tard, entré dans les ordres religieux et devenu missionnaire, nous eûmes toujours d'agréables relations. C'était un saint prêtre. Il est mort jeune, poitrinaire.

Je me souviens qu'étant tout enfant, j'allai le voir à la Garçonnais où il me donna une leçon de géographie qui m'intéressa beaucoup: dans une assiette pleine d'eau il mit au milieu un morceau de papier et me dit: «ceci te représente une île». Il fit la même démonstration pour les presqu'îles, caps, etc. Ce fut, certes, ma meilleure leçon de géographie. Je ne l'oubliai jamais.

L'École du Père Guillou

Je n'ai jamais eu qu'un maître, un pauvre instituteur de village chez lequel je suis resté jusqu'à l'âge de quatorze ans.

Il était seul pour une centaine d'élèves, aussi n'y avait-il que les grands à travailler sérieusement.

J'appris chez lui mon arithmétique et assez bien puisque j'ai pu, plus tard, à la préfecture devenir chef de la comptabilité et établir un budget de quatre millions en recettes et en dépenses à l'entière satisfaction de tous les membres du Conseil Général. Il m'enseigna, avec cela, un peu de grammaire et de géographie, mais ce fut tout.

Le peu que je sais je l'ai appris seul, en lisant beaucoup.

Pauvre misérable classe, située au rez-de-chaussée, éclairée seulement par une porte basse vitrée et une toute petite fenêtre. Jamais pièce ne fut plus malsaine pour y enfermer autant d'enfants. Elle était tellement humide qu'il y avait, à l'intérieur de la classe, tout le long des murs, une rigole remplie d'eau. Les élèves punis étaient chargés de jeter cette eau dans la cour, et ils se servaient pour cela de leurs sabots.

L'école du père Guillou était située à la place qu'occupe l'un des chalets de Delval, en face la mairie actuelle.

Notre instituteur était un brave homme, instruit, et ayant une écriture tellement belle qu'il fut prié d'écrire, sous forme de tableau, le règlement du cercle qui s'intitulait « *Cercle littéraire* »! On peut encore voir ce tableau au cercle de place de la République.

Nous écrivions tous avec des plumes d'oies, et c'était le père Guillou qui nous les taillait avec une vitesse extrême.

Il était coiffé d'une casquette usée et d'une redingote graisseuse. Il mangeait son écuelle de soupe en nous faisant la classe.

Marié à une paysanne du Sel, Mlle Douvillez, il eut deux fils Gustave et Dominique, le premier est docteur médecin, et le second est mort pharmacien. Tous les deux, après leur instruction primaire, donnée par leur père, s'instruisirent seuls en suivant, à Rennes, quelques cours, et réussirent à se faire recevoir bacheliers.

Pour une bagatelle notre maître nous donnait un coup de règle, ou nous mettait au pain sec, c'est-à-dire qu'au lieu d'aller déjeuner chez soi, on restait en classe, à manger un morceau de pain qu'un camarade allait chercher chez nos parents.

Les frères Fauvel, marchands de mercerie, avaient un neveu, normand comme eux, qui venait en classe avec nous.

Lorsqu'il était puni, ses oncles pour se moquer de lui, (ou de l'instituteur), entaillaient un morceau du pain qui était replacé et maintenu par une cheville de bois. On pouvait ainsi faire croire qu'on y avait caché, soit du beurre, soit des confitures.

Le maître d'école s'empressait d'enlever la cheville et restait tout penaud de ne rien trouver dessous. Cela faisait rire les infortunés prisonniers.

À trois heures en hiver il faisait presque nuit dans cette sorte de cave servant de classe. Il était alors impossible de lire ou d'écrire. Je n'y ai jamais vu de lumière.

M. Guillou montait, sur sa petite estrade, s'installait dans son fauteuil de paille et commençait une causerie qui, quelquefois, n'était pas sans charme.

Un soir, il nous entretint du génie de Napoléon Ier, de ses conquêtes à travers le monde et aussi de ses revers. Pour terminer il nous récita les adieux de Fontainebleau à la Vieille Garde. Oh! alors je n'y tins plus, et de vraies larmes me partirent des yeux!

Douces émotions du jeune âge

L'enfant goûte, par instant, des émotions d'une douceur extrême.

Ainsi, je n'oublierai jamais une certaine matinée de dimanche où j'entendis, du jardin de M. Regnault dans lequel j'étais à jouer avec ses fils, les cloches appelant les fidèles à la grand-messe.

Elles avaient à mon oreille, ces cloches, un carillon si doux, si harmonieux, qu'il me semblait ne les avoir jamais entendues. Je cessai de jouer pour les écouter, et elles me charmèrent pendant tout le temps qu'elles se firent entendre. Jamais depuis aucune musique ne m'a produit pareil effet.

Pourquoi ne ressent-on plus dans l'âge mûr de ces jouissances dont on se souvient toujours ?

J'ai éprouvé également, étant très jeune, un plaisir extrême à écouter certains récits.

Lorsque mon grand-père Delaunay était de bonne humeur, sa femme, ma marraine, en profitait pour me faire dîner (on disait souper à cette époque) à table d'hôte avec les pensionnaires de l'hôtel de la Croix-Verte.

Si c'était en hiver, la salle était chauffée par un excellent poêle, et comme l'on se trouvait bien dans cette atmosphère, on restait à table fort longtemps, et les conversations devenaient plus intimes.

Tantôt papa Delaunay faisait le récit d'une bataille à laquelle il avait assisté. Une autre fois c'étaient des souvenirs de la chouannerie qui étaient évoqués, ou des histoires de chasse, toutes plus extraordinaires les unes que les autres. J'éprouvais un vrai bonheur à les écouter.

Puisque me voici encore une fois revenu à cette auberge de la Croix-Verte, où se passa une partie de mon enfance, d'autres souvenirs me reviennent à l'esprit, qu'il faut que je consigne ici avant de passer à mon adolescence.

Nouveaux souvenirs de la Croix-Verte

Étant tout petit enfant, je pleurais assez facilement lorsque, sur la place, un autre bambin me donnait une taloche. Mon grand-père, assis dans une chaise à sa porte, lorsqu'il m'entendait s'écriait : « Adolphe qu'as-tu donc ? »

Un geai dans une cage, à la porte de l'hôtel, entendant cette phrase, se mit à la répéter sans cesse : « Adolphe, qu'as-tu donc ? »

Mon grand-père m'avait appris à danser en sifflant un certain air. Et aussitôt que je l'entendais, n'importe où je me trouvais, j'entrais en cadence.

Papa Delaunay disait aux voyageurs qui causaient avec lui devant l'hôtel :

«Vous voyez ce petit garçon sur la place (et il me désignait) vous allez le voir danser tout à l'heure».

Il sifflait son air, et j'oubliais le jeu pour exécuter la danse qu'il m'avait apprise.

Le bonhomme était très fier de son succès.

Mes oncles Delaunay me donnèrent une pie sortant du nid que j'élevai au milieu de petits canards. Elle nous accompagnait, mon frère et moi, à la fontaine du lieu où nous conduisions les canetons barboter dans l'eau. Elle prit l'habitude d'y aller et de les conduire seule. Elle voletait tantôt en tête de la bande, tantôt en queue, donnant un coup de bec aux retardataires. Elle était vraiment étonnante et faisait l'admiration de tout le monde.

Hélas! un jour, poursuivi par un chien, elle tomba dans le puits situé devant l'hôtel où elle se noya.

J'en eus un véritable chagrin.

Avant de quitter complètement la Croix-Verte, je dois un souvenir à la vieille servante que j'y ai connue pendant tant d'années.

Son prénom était Jacquette, et je n'ai jamais su son nom de famille. Seulement comme son juron favori était «Pargona fils de quatri de millions» nous l'appelions Jacquette Pargona.

Que signifiait ce juron? Il m'est impossible de le dire.

Elle s'occupait de la lessive ; mais sa principale occupation consistait à diriger et surveiller les journaliers dans les champs. C'était elle la semeuse des divers grains : froment, seigle et blé noir. C'était une servante comme on n'en voit plus. Pour rien au monde, elle n'eut voulu contrarier sa maîtresse, celle-ci, il est vrai, l'affectionnait tout particulièrement.

Je me souviens aussi d'un autre de ses dictons. Lorsqu'en été, il faisait de ces chaleurs étouffantes, sans soleil, elle s'écriait en s'essuyant la sueur du front : «Il fait chaud tout nue aujourd'hui».

Jacquette était très pieuse, se levait de bonne heure chaque matin, pour assister à la première messe. Si elle s'oubliait trop longtemps à prier, et arrivait en retard pour accompagner les ouvriers aux champs, mon grand-père en colère l'appelait : *«Vieux chandelier d'église!»*

MA PREMIÈRE COMMUNION

Je fis ma première communion dans l'ancienne et pauvre église, entourée de son cimetière, dont personne ne se souvient plus. Elle était située au bas de la grande rue à la place qu'occupent la grande maison Jacquart et la place Saint-Martin.

On y entrait en passant sous un porche en bois assez curieux. Il abritait une sorte de vasque monumentale, en granit, reposant sur un seul pied.

À l'intérieur, les familles de Bain appartenant à la bourgeoisie avaient chacune leur banc. Devant le nôtre était celui de Mme Briand, de la grande rue, qui avait un cautère au bras. En été c'était une infection.

Au-dessus d'un autel étaient deux saints de grandeur naturelle, l'un représentait Saint-Martin et l'autre Saint-Étienne. Le premier avait la main tendue vers le second, et celui-ci la main allongée sur l'estomac.

Mon oncle Joseph Delaunay, qui était assez farceur, me demanda un jour :

—Sais-tu ce que dit Saint-Martin à Saint-Étienne ?

—Non assurément.

—Il lui dit : « *Paie la goutte* » et Saint-Étienne, mettant la main sur la poche de son gilet, répond : *« je n'ai pas le sou !»*

Après cette explication, je ne pouvais plus regarder les deux saints sans songer à leur dialogue.

Ce fut l'une de mes grandes distractions à l'église.

Le vicaire qui nous faisait le catéchisme était un normand du nom de Brisbarre. Il est mort curé de Noë-Blanche.

Lorsqu'il passait devant notre demeure pour aller voir malade, et que je n'étais pas à l'école, il demandait à ma mère la permission de m'emmener avec lui.

Il semblait me prendre en affection, et cependant si, au catéchisme je détournais un instant, la tête pour parler à voisin, il s'écriait : «Petit Orain venez ici vous mettre à genoux !»

Cette punition me rendait extrêmement malheureux parce que j'avais honte dans cette posture devant tout le monde, et ensuite parce qu'à la sortie de l'église il était d'usage de huer les pauvres diables qui avaient été punis.

Que de fois j'ai maudit ce vicaire Brisbarre.

N'ayant jamais eu beaucoup de mémoire, je savais mal mon catéchisme, et quant aux explications des mystères de la foi, je n'en savais pas un traître mot.

Huit jours avant la communion, le curé dit aux enfants que ceux qui voudraient concourir pour un prix d'explication du catéchisme, devraient se présenter au presbytère, tel jour à telle heure, pour subir un interrogatoire.

J'eus la maladresse d'en entretenir ma mère qui me répondit :

—Eh bien ! tu iras.

—Non, non, je ne suis pas capable de répondre aux questions qui me sont posées.

—C'est possible, tu as encore quelques jours avant l'examen, qui te permettront de travailler, donc tu iras, je le veux.

J'y allai, en effet, et ne sus faire aucune réponse satisfaisante. Malgré cela, comme je me trouvai à être le seul à faire preuve de bonne volonté, j'eus un prix à la grande satisfaction de ma mère.

JEAN LIZÉ ET SES VOISINS DE LA HALLE

Il y a bien peu d'habitants de Bain à se souvenir aujourd'hui d'un pauvre vieillard déguenillé, la poitrine à l'air, les mains et la figure sales, qui se tenait ordinairement sous la halle, où il vendait des légumes, des *maques* (châtaignes d'eau) ou des fruits de chaque saison.

Ce pauvre vieux, qui faisait peine à voir, s'appelait Jean Lizé. Il avait fait une partie de ses humanités, et débitait, parfois, des citations latines, réminiscence du temps où il était au séminaire avec l'intention d'être prêtre.

Comment était-il venu s'échouer à Bain ? Mystère.

On le rencontrait sur toutes les routes, parce qu'il allait dans les châteaux des environs, demander des légumes qu'on lui donnait par charité, et qu'il allait vendre sous la halle de Bain.

Sa seule consolation était la bouteille.

Hélas! ce philosophe n'avait-il pas raison, lorsqu'il disait : « Grattez l'ivrogne et vous trouverez l'affligé ! »

Si le père Jean Lizé venait, le jour, vendre ses légumes et ses fruits sous la halle, il y en avait d'autres qui y venaient le jour et la nuit, et qui même, en été, couchaient sur les bancs qui existaient alors des deux côtés de la vieille halle. Quand le froid se faisait sentir, ils se réfugiaient dans les écuries ou les paillers. C'étaient aussi trois loqueteux appelés Merhand, Pelona et Pertuset.

Ces malheureux se tenaient à la disposition de tout le monde pour faire quelques corvées : aider à loger un fût de cidre, à rentrer du bois dans le bûcher, à nettoyer un puits, à noyer les petits des chattes trop prolifiques, à faire des commissions dans les environs, etc.

Ils étaient bien tant soit peu pillards et de mœurs douteuses ; mais comme ils n'étaient pas méchants on tolérait leur vagabondage.

LA CHASSE AUX OISEAUX

Nous avions, mon frère et moi, une véritable passion pour la chasse aux petits oiseaux. Nous attendions l'hiver, avec impatience, pour tendre des pièges à ces pauvres petites bêtes. C'est bien le cas de dire : « Cet âge est sans pitié. »

Quand la neige était tombée pendant la nuit, nous courrions vite au jardin donner un coup de balai dans une plate-bande et en avant les pièges.

Du fumier était étendu sur le sol, ainsi que du grain, et la *tremée* était tendue.

La tremée est une cage, en bourdaine, défoncée, posée par terre, et soulevée du devant au moyen d'une baguette qui pénètre à peine dans une entaille faite dans un petit bout de branche, pendu à l'avant de la tremée. Des brindilles en grand nombre, reposent sur la baguette, et lorsque les oiseaux marchent dessus, ils détruisent l'équilibre du piège, c'est-à-dire que la cage tombe sur eux et les fait prisonniers. Une ouverture, fermée par un bouchon de paille, permet de les saisir avec les mains.

Plus le temps était dur et plus nous en prenions. Nous les mangions en gibelotte et aucun mets pour nous n'égalait celui-là.

Quand des oiseaux rares, ce qui arrivait quelquefois, étaient entre nos mains : pinsons des Ardennes, pics cendrés, etc, nous les mettions en cage où la plupart du temps ils se laissaient mourir de faim, plutôt que de vivre en esclavage.

En été, c'était des chardonnerets que nous prenions, au moyen de petits pièges placés sur des salades porte-graines dont ces oiseaux sont très friands.

La recherche du nom de nos prisonniers me préoccupait beaucoup, et fit que je ne tardai pas à me livrer à l'étude attrayante de l'ornithologie.

Un lundi, jour de marché, un colporteur étala ses livres sous la halle, et j'y découvris un petit Buffon que j'achetai, et qui ne me quitta plus. Je l'avais constamment sur moi, et je ne tardai pas à le savoir presque par cœur.

LES NOMADES

Chaque année, à l'époque du carême, une petite vieille faisait son apparition à Bain. Elle allait devant chaque maison, danser en chantant une chanson dont je ne me rappelle que le refrain et encore est-ce bien cela ?

> Il y a trois amants, ma mère
> Qui sont venus me demander ;
> Il en est un quatrième
> Qui est bien le plus aimé !

C'était une pauvre mendiante, que l'on disait folle, et que l'on nommait Jeanne Héry. Les enfants la suivaient en criant *Jeanne Héry ! Jeanne Héry !* Ils tiraient sur son cotillon et lui faisaient mille misères. Lorsqu'elle se fâchait, elle les poursuivait à son tour et les menaçait de son bâton.

La malheureuse était du bourg de Thourie, disait-elle. Elle cessa de venir à Bain et nous supposâmes que la folle était morte.

Pendant plusieurs années, à l'automne, deux vieilles dames, qui semblaient être les deux sœurs, en chapeau, enveloppées de châles, vinrent elles aussi à Bain, chanter des romances en s'accompagnant de la guitare.

Elles m'inspiraient une vive pitié. C'était navrant d'entendre ces pauvres vieilles chanter, d'une voix chevrotante, afin d'obtenir quelques sous pour ne pas mourir de faim.

L'un de nos camarades, Aristide Germain, presque un enfant, leur lança un jour de la boue sur leurs vêtements. Son père l'apprit, le réprimanda sévèrement, et chercha les pauvres femmes pour leur faire des excuses et leur remettre cinq francs. Il ne put les trouver. Elles étaient parties et ne revinrent plus jamais à Bain.

Un Polonais, accompagné de sa femme et de plusieurs enfants, de passage à Bain, alla dans les familles implorer la pitié en montrant l'un des ses bras qui avait été traversé de plusieurs balles, en combattant pour la liberté de sa patrie.

Ils étaient logés chez la mère Pichard qui tenait une misérable auberge, rue Saint-Nicolas, en face de M. Compagnon le ferblantier.

Ma mère m'envoya leur porter notre obole. En la recevant le Polonais m'embrassa les mains, ce dont je fus vivement touché.

À cette époque, vers 1850, on voyait presque chaque année, des musiciens allemands, au nombre de cinq à six, qui jouaient de divers instruments de cuivre sur la place (il n'y en avait qu'une alors) et dans les rues, en faisant des quêtes dans les maisons.

Je me suis souvent demandé, depuis la guerre de 1870, si ces vagabonds n'étaient pas déjà des espions, vivant à nos dépens, tout en prenant des notes sur les voies de communication et les ressources de notre pays !...

Mes premiers livres

Mon père, lorsqu'il s'occupait de sa tannerie, faisait fréquemment des voyages à Rennes et à Nantes. Il les faisait souvent à pied dans un but d'économie. Je me souviens qu'un dimanche l'après-midi, nous allâmes, mon frère et moi, sur la butte de Cogneuf attendre son retour de Nantes. Pauvre père il était parti de Nantes au lever du jour, et arrivait à Bain dans la soirée, après avoir fait dix-huit lieues à pieds.

À chacun de ses voyages il nous apportait un objet quelconque, et pour moi presque toujours un livre parce qu'il connaissait mon goût pour la lecture.

Le premier avait pour titre *La grotte du père Béatus*. Cher petit livre qui me fit verser de douces larmes. Je le trouverais bien naïf aujourd'hui, et cependant jamais depuis, aucun récit ne m'a causé le même plaisir.

Je me figurais qu'il devait produire le même effet sur l'esprit de tout le monde, aussi le lisais-je à haute voix aux tailleurs, aux couturières, en un mot à toutes les personnes qui venaient travailler en journée chez ma mère.

Ces ouvriers et ouvrières, à la journée, venaient fréquemment chez nous, faire nos vêtements, raccommoder le linge, le repasser, etc. Ils mangeaient à notre table, et, en outre de la nourriture, le prix de la journée ne dépassait pas un franc pour les hommes et cinquante centimes pour les femmes.

Aujourd'hui presque tous les artisans travaillent chez eux et ne vont plus au domicile de leurs clients.

Mon second livre fut *Robinson suisse* qui eût aussi, pour moi, beaucoup de charme. J'avais lu chez notre voisine, Mme David, *Robinson Crusoé*, et comme notre camarade, le fils du percepteur, possédait *Robinson suisse*, je désirais vivement l'avoir. Mon père, comme toujours, s'empressa de satisfaire mon désir.

Voilà les deux livres dont j'ai gardé le meilleur souvenir. Les autres, à cette époque, n'eurent pas, pour moi, le même succès.

Que de fois ai-je songé à l'affection que nous témoignait mon père, et combien j'ai regretté de ne l'avoir pas assez caressé, et assez aimé comme il méritait de l'être.

Il était d'un caractère triste, peu causeur, peu communicatif, mais d'une bonté excessive.

Nous préférions notre mère, beaucoup plus jeune, plus gaie, qui nous chantait des couplets, nous racontait des histoires, et nous confectionnait les mets que nous aimions, et le dessert que nous préférions.

On n'apprécie vraiment la bonté des siens, que quand ils ne sont plus.

Une promenade manquée

6 décembre

L'hiver, au coin du feu, on aime à se rappeler les excursions des beaux jours, les promenades dans les grands bois ou sur les bords fleuris des rivières et des ruisseaux.

Que de paysages ravissants passent devant vos yeux. Oh! les ruisseaux de l'Ille-et-Vilaine entourés de rochers abrupts, de gorges verdoyantes, de grandes prairies, de rideaux de peupliers dont les feuilles s'agitent au moindre souffle du vent. Et les moulins au milieu de l'eau, avec les pigeons, les canards, les poules; et la meunière accorte entourée de ses enfants frais et roses.

L'esprit va, erre, court, et les souvenirs arrivent, arrivent: souvenirs de l'été dernier, de l'an passé, puis des autres années, promenades faites avec des amis partis au loin, et avec d'autres, hélas! qui ne sont plus.

En remontant le cours des années écoulées, on redevient jeune, on revoit le pays natal, le village, la maison devant laquelle on se réunissait le soir, où l'on jouait avec les petits camarades. Tout-à-coup le cœur se serre, une douleur l'étreint, c'est qu'il vient de voir des cercueils sortir de cette maison, et s'en aller vers le cimetière où reposent maintenant les pauvres vieux qui vous aimaient tant et qu'on ne reverra jamais plus, jamais plus.

Le Semnon est une des rivières de notre pays qui offre les plus jolis sites. Éloignée de toute voie ferrée, elle est inconnue des artistes qui y trouveraient cependant des paysages admirables.

Les principaux sites sont d'abord à Ercé-en-Lamée, où l'on rencontre d'assez beaux rochers formant grotte, puis ensuite à Verrion en Tresbœuf, à Rochereul en Pancé, à Quénoir, au Tertre-gris et à Pléchâtel.

Entre la Menotière et le Moulin-Neuf – deux villages de la commune de Bain – est un gué qui s'appelle le *Pont-Yaume*. Ce gué est formé d'énormes pierres (d'anciens menhirs très probablement) qu'on a roulées dans la rivière et qui, bien que très éloignées les unes des autres, permettent aux gens ingambes de franchir le Semnon en cet endroit, sans être obligés de faire un long détour.

Yaume, en patois de l'Ille-et-Vilaine, est un diminutif de Guillaume, et c'est sans doute en souvenir de la personne qui a créé ce gué, qu'on l'a ainsi baptisé.

Ce *Pont-Yaume* fut témoin d'un de mes chagrins d'enfant: Lorsqu'on tue un cochon chez de riches paysans de l'arrondissement de Redon, il est d'usage d'inviter tous les parents et amis à venir en manger leur part. Or, mon frère ayant comme parrain un parent éloigné nommé Hendiard, du village de la Bouvetière en Pancé, nous fûmes invités à y aller *boudiner.*

Nous y allâmes, mon père, mon frère et moi.

À cette époque le pont de la Sionnerais, sur la route de Bain à Janzé, n'était pas construit, et il fallait, à moins de faire un détour considérable par Poligné et Pancé (beaucoup trop long pour nos petites jambes) s'y rendre par le *Pont-Yaume*.

C'était en hiver, il avait plu les jours précédents, le courant du Semnon était rapide, et l'eau recouvrait complètement les grosses roches. Mon père, voyant cela, ne consentit jamais, malgré notre chagrin, à franchir ce gué avec un enfant sous chaque bras.

Qu'on juge de notre désespoir. Avoir fait une lieue, voir le village devant soi, avoir faim, songer que le boudin était à griller, et être obligé de s'en retourner chez soi pour arriver à une heure et demie ou deux heures de l'après-midi, et ne rien trouver de chaud à manger.

Si nous courrions et chantions en allant, nous revînmes l'oreille basse, fatigués, et des larmes plein les yeux[2].

Les grandes routes d'autrefois

Vers 1848, afin de fixer une date, les grandes routes ne ressemblaient nullement à l'aspect qu'elles ont aujourd'hui. Autant elles sont tristes et désertes, autant elles étaient gaies et animées.

Les chemins de fer étaient alors inconnus pour nous, et l'on apercevait sur nos routes, à chaque heure de la journée, les commissionnaires avec leurs carrioles faisant le parcours, ceux-ci de Bain à Rennes, ceux-là de Bain à Nantes, les rouliers et leurs lourdes charrettes, les grandes diligences Lafitte et Caillard, les paludiers marchands de sel, les petites diligences de Bain à Rennes, et les chaises de poste conduites par des postillons en grand costume.

Avec les voies ferrées tout a disparu ; les bourgades sur les routes ont été ruinées, et l'on ne trouve plus, dans les auberges de petites villes, ces cordons bleus qui faisaient une cuisine délectable dont nous n'avons plus idée.

Eugène Hy

J'avais environ 13 ans, lorsqu'un cousin germain de ma mère, M. Eugène Hy, percepteur à Melesse près Rennes, fut nommé en la même qualité à Bain, pour percevoir les impôts des communes d'Ercé-en-Lamée, Teillay, Pléchâtel, Poligné, Pancé.

Il était donc mon oncle à la mode de Bretagne et toute sa vie je l'appelai de même.

Je suivais encore l'école du père Guillou que je délaissai peu à peu pour aller travailler tantôt dans les bureaux de mon oncle, tantôt dans les bureaux du percepteur de Bain, M. Blouin.

M. Hy était un tout petit homme, que ses amis de Rennes appelaient en plaisantant *tambour-major.*

Comme tous les hommes petits il était vif, pétulant, parlant beaucoup, gesticulant ferme, ayant sans cesse des couplets de chansons aux lèvres.

Il me prit en affection, et malgré la différence d'âge qui existait entre nous, nous vécûmes constamment ensemble comme deux camarades. Nous allions, l'été, à la pêche sur les bords de l'étang de Bain ou sur les rives du Semnon, tantôt au bas des rochers de Quenouard, tantôt au moulin de Rochereul.

Hélas ! comme tout cela est loin, et ces lieux si pittoresques et si charmants me plongent dans une tristesse profonde maintenant que je suis seul à les revoir.

En hiver, mon bon oncle prenait un permis de chasse uniquement pour me faire plaisir. Nous allions tirer les merles, les écureuils et les corbeaux, tous les jours d'hiver, vers quatre heures, dans les avenues de chênes et des bois de sapins de la Bodais.

Comme c'est Eugène Hy qui a décidé du choix de ma carrière j'aurai, dans le cours de ce récit, l'occasion de m'occuper de lui.

LES TROIS MUETS DU HAUT-POIRIER

Le nommé Mercier, du village du Haut-Poirier, en Bain, eut trois fils sourds-muets.

C'était un homme peu aimé, et même peu estimé de ses voisins. Il était violent, brutal, braconnier et toujours disposé à s'emparer de ce qui se trouvait à sa portée.

Comme cette famille était pauvre, les trois sourds-muets venaient mendier aux portes des habitants de Bain, le jeudi et le dimanche.

Les deux aînés étaient presque idiots. C'était navrant de les voir faire cinq à six pas, puis revenir sur eux-mêmes pour recommencer ce manège devant chaque maison.

L'un des aînés mourut, et l'autre disparut sans qu'on ait jamais pu retrouver sa trace. La rumeur publique accusait le jeune de l'avoir tué et enterré. Celui-ci, encore vivant au moment où nous écrivons ces lignes (février 1905), est extrêmement méchant. Il a subi nombre de condamnations comme braconnier, vagabond et aussi pour coups et blessures. Il est sans cesse en voyage et ne revient que rarement au pays. D'ailleurs ses parents sont morts, et les habitants du Haut-Poirier, qui le craignent, font tout ce qu'ils peuvent pour l'éloigner de chez eux.

Un événement – les trois frères Garnier

Ce fut, en effet, un véritable événement que l'arrivée, à Bain, de trois jeunes gens, ayant terminé leurs études, qui venaient habiter la petite ville où, jadis, ils avaient passé leurs vacances, chez leur tante la capitaine Flot.

Ils descendirent à l'hôtel de la Croix-Verte.

Alfred, l'aîné, était un superbe et aimable garçon, artiste, musicien, chantant agréablement la romance, mais d'une originalité par trop excentrique.

Il alla se loger dans un petit pavillon, caché sous la verdure, au fond d'un jardin sur la vieille route de Nantes. Il couchait dans un hamac, fait de plumes d'oiseaux, aux riches couleurs, et qui avait appartenu, disait-il, à un prince indien.

Sa principale distraction, après la musique, fut la pêche à la ligne.

Hélas! son séjour à Bain ne fut que de quelques années. Le pauvre Alfred, quand éclata la Révolution de 1848, s'absorba dans la politique, devint très exalté républicain, ne chanta plus que des chansons patriotiques, ne fuma que dans des pipes représentant les traits de Ledru-Rollin ou Cavaignac.

Est-ce la politique qui détraqua son pauvre cerveau? ou le refus de la main de Mlle Genny Lepot, ravissante enfant fille d'un receveur des Contributions indirectes, laquelle mourut à Bain de la phtisie, quelques années plus tard.

Un jour, Alfred cessa de paraître à l'hôtel, et son absence, sans prévenir personne, parut extraordinaire et fit craindre un accident. Plusieurs jours s'écoulèrent et tout à coup des paysans du village de la Boulais, ramenèrent le fugitif, attaché solidement et trouvé, disaient-ils, courant tout nu dans les champs de blé.

Le pauvre garçon avait perdu la raison et force fut à ses frères de le conduire à l'asile des aliénés de Rennes, où il est mort ces années dernières âgé de plus de quatre-vingts ans.

Le cadet, Fernand Garnier, était le plus instruit des trois. Il aimait l'histoire naturelle et possédait, sur cette science, de nombreux ouvrages qu'il mit à ma disposition s'étant aperçu que, moi aussi, j'avais un goût très vif pour ce genre d'études.

J'étais vraiment heureux quand je pouvais passer de longues heures dans la campagne, assis derrière un talus, à lire les livres qu'il m'avait prêtés.

Après être resté à Bain plusieurs années, il s'en alla travailler dans une étude de notaire à Nantes, et de là à Paris, où il perdit en fausses spéculations les 5'000 à 6'000 francs de rentes qu'il possédait.

Dénué de ressources et malheureux, il résolut d'en finir avec la vie ; mais comme il était chrétien (les trois frères avaient été instruits par les Eudistes de Redon), il voulut se confesser.

Le prêtre auquel il s'adressa lui fit comprendre qu'il allait commettre un acte qui lui fermerait les portes du ciel. Il releva le courage de l'infortuné jeune homme et lui promit de s'occuper de lui.

En effet, après avoir pris des renseignements sur la famille Garnier, et s'être assuré qu'elle était honorable et le désespéré un honnête garçon, il réussit à lui faire épouser une vieille fille pas belle, mais bonne et riche, désirant un mari.

Ce ménage fut des plus heureux. Ils vinrent à Rennes plusieurs fois où j'eus le plaisir d'être témoin de leur bonheur.

Fernand Garnier est mort il y a près de dix ans (1895).

❧ ❧

Auguste Garnier, lui, n'a jamais été qu'un sot. Vantard, posant pour l'homme à bonnes fortunes, menteur insupportable tel est l'homme qui vit encore, et qui a plus de quatre-vingts ans.

Malgré tous ces défauts il épousa, à Bain, une fort belle jeune fille intelligente et spirituelle. Il est vrai qu'elle se maria par dépit d'avoir été délaissée de celui qu'elle aimait.

Mlle Maria Jochault, fille d'un notaire de Bain, avait été courtisée par M. Henri Guérin qui avait acheté l'étude de son père. Elle s'éprit d'un fol amour pour ce jeune homme qui ne trouvant pas la dot de cette demoiselle suffisante la planta là pour épouser une petite boiteuse de Pipriac qui avait la somme suffisante pour payer l'étude de maître Jochault.

Comme nous l'avons dit, elle épousa Auguste Garnier sans amour, aussi sa vie s'écoula-t-elle triste et ennuyée.

Elle eut plusieurs enfants dont l'un fut notre ami, le docteur en médecine Fernand Garnier. Il avait une tête merveilleusement belle, rappelant celle de son oncle Alfred. Le pauvre garçon est mort jeune de la tuberculose.

Le cercle littéraire de Bain

En 1846, un cercle qui avait pris le titre prétentieux de *Cercle littéraire* occupait une vaste chambre de la maison de mes parents.

À côté de cette chambre était un petit cabinet noir où nous couchions trois : mon frère, un petit écolier appelé Adolphe Butin (dont il sera bientôt question), et moi.

Enfin, sur la cour, habitait la famille du facteur Marmel dont la femme était la concierge du cercle.

Ce cercle se composait de 20 à 25 membres environ : Les fonctionnaires étrangers au pays, les trois notaires, les trois médecins, le pharmacien, quelques propriétaires et des tanneurs.

M. Hyppolyte Filloux, avocat et maire de Bain, en était le président.

Le vieux père Gérard, notaire, long comme un jour sans pain, et maigre comme un coucou, portait, par les hivers les plus froids, un petit pantalon de toile collant, et des vêtements étriqués qui le faisaient encore paraître plus grand.

M. Rihet, ancien épicier enrichi, avait épousé une demoiselle Barbotin (vieille famille du pays) et avait construit cette très belle maison qu'il occupait sur la place du marché près de celle de M. Deluen. Il avait une verrue sur le bout du nez, et le mot *maintenant* revenait dans toutes ses phrases. C'était amusant de l'entendre dire : « Dimanche dernier, *maintenant*, j'étais allé à Roudun passer la journée chez mon frère. »

Le tanneur Paitel, dit Tiolais, parce qu'il était originaire du village de la Tiolais, beau parleur qui eut de nombreux fils dont l'un d'eux, véritable roublard, devint, grâce aux francs maçons préfet du Mans et Trésorier payeur général des Finances.

C'est ce dernier qui dans une réunion publique à Rennes, au début de la guerre de 1870, s'écriait : « Il nous faut tous partir défendre la patrie, que ceux qui n'ont pas de fusils prennent des faulx, s'ils n'ont pas de faulx qu'ils prennent des fourches, des bâtons, etc. »

Mais lui, le bouillant orateur, s'arrangea de façon à ne pas aller à la guerre.

Le père Paitel était aussi réactionnaire que son fils est aujourd'hui républicain. Le receveur de l'enregistrement M. David le faisait bondir en émettant devant lui des opinions socialistes.

Un autre tanneur, le père Briand, avait des accès de folie douce qu'il allait de lui-même faire soigner à l'asile des aliénés de Rennes. L'une de ses manies faisait deviner à tout le monde que sa pauvre tête déménageait, elle consistait à offrir des noix aux personnes qu'il rencontrait.

Sa tannerie se trouvait près de la chaussée de l'étang et lorsqu'il la quittait il se mouchait en trompette jusqu'à sa demeure située au milieu de la grande rue. Tous les chiens aboyaient en entendant ce bruit étrange.

Il possédait une prairie, sur le versant de la butte de Bertaud, où, d'après lui, on trouvait tout ce qu'on pouvait désirer: «Voulez-vous des perdrix? allez dans mon pré! Voulez-vous des lapins? Il y en a dans la grange qui se trouve dans mon pré.»

Il me conduisit un jour dans ce pré merveilleux pour me faire voir une fleur rare, extraordinaire, que je reconnus pour être une centaurée!

L'un de ses fils Jules Briand, aujourd'hui encore vivant mais en enfance (février 1905), fit plus tard, partie du cercle. Il avait reçu une instruction primaire assez complète mais, très prétentieux, il aimait à amener la conversation sur certaine partie de l'histoire de France qu'il possédait assez bien. M. Baudouin, alors receveur de l'enregistrement, qui aimait à plaisanter, lui avait monté une *scie* et lui disait: «Allons, M. Briand, que pensez-vous aujourd'hui de la race des Carolingiens?»

Le père Renaudet, également tanneur, était une sorte de paysan du Danube, fruste, grossier, autoritaire et sans instruction. Il fut cependant maire de Bain, sous le Seize Mai.

Ce bonhomme, d'une vigueur extrême, est mort très vieux, et chassait encore à l'âge de quatre-vingt-quatorze ans.

En quittant sa tannerie, lui ne se mouchait pas comme M. Briand, mais il faisait un autre bruit, sans discontinuer, du village de Gravot à Bain, aussi ses amis lui avaient-ils décerné un brevet de *pétomane*.

C'est lui qui disait au cercle: «Il y a certaines contrées que j'affectionne tout particulièrement pour la chasse: le Riffray, les Riais, la Boulais, c'est là mon *amphithéâtre.* »

Une autrefois, lisant dans un journal que le... (bâtiment anglais dont je ne me rappelle pas le nom) avait reçu deux boulets de canon dans le flanc et avait pu, malgré cela, continuer sa marche: «C'est affreux! s'écria-t-il, un pauvre diable a reçu deux boulets dans le flanc et a continué de marcher!»

Qu'on juge de l'hilarité causée par cette exclamation naïve!

M. Charles Houdbine, simple officier de santé était homme du monde, spirituel, aimable et bon ami. J'ai conservé de lui un souvenir charmant.

Une demoiselle Marçais, de Rennes, l'avait épousé bien qu'il fût sans fortune, mais parce qu'il était joli garçon. Elle ne le rendit pas heureux; c'était une mégère au caractère aigri et désagréable.

Ils n'eurent qu'une fille, Azélie Houdbine, charmante enfant qui mourut vers dix-huit ans, et leur causa inconsolable chagrin.

Ils demeuraient dans la cour sainte où était le bureau de la poste. Mlle Blin, la directrice, comme on l'appelait à cette époque, était instruite et aimable, aussi Charles allait-il souvent causer avec elle.

Mme Houdbine en était jalouse, et un soir que son mari s'était attardé chez sa voisine, elle envoya sa bonne lui porter un paquet que cette fille remit à son maître en disant : «Monsieur, voici votre chemise de nuit que madame vous envoie!» Tableau!

Le pharmacien Jean-Marie Mangé, que les habitants de Bain appelaient par moquerie Jean-Marie Farina, était une sorte de crétin alcoolique, passant sa vie au café et au cercle mais surtout au café, et abandonnant sa pharmacie à sa femme et à sa bonne.

Petit, sale, un brûle-gueule entre des dents noires d'où s'écoulait une salive qui s'écoulait le long des joues, il était difficile de trouver un être plus dégoûtant.

Lorsque le spirituel docteur Boutin vint se fixer à Bain, Jean-Marie lui servit de tête de turc.

Mangé entrant au cercle :

—Oh! Messieurs le beau temps! Mon jardin est déjà plein de fleurs, et j'ai des petits pois qui sont tout en larmes! (larmes pour gousses)

—Rien d'étonnant, répond le docteur, ils ont peur que vous les mangiez.

Le même, un autre jour :

—Messieurs, quel malheur! un chien enragé est passé par la ville et a *gaspillé* nombre de chiens.

C'est encore lui qui, en lisant un journal, s'écria : «Les finances de l'État sont lapidées!»

À quatre heures, un matin, le pharmacien Mangé, la figure bouleversée, fit son apparition chez le docteur Boutin et lui dit : «Un grand malheur m'est arrivé : j'avais préparé de la mort-aux-rats pour un paysan, et un remède à absorber pour un autre client, ma bonne s'est trompée, elle a donné le remède à l'homme aux rats et le poison à l'autre. Je ne les connais pas et ignore d'où ils sont! Que faire? je n'ai pas dormi de la nuit et je viens vous prévenir de l'erreur dans le cas où vous seriez appelé près du malheureux qui doit avoir absorbé la mort-aux-rats.

Il n'en fut rien fort heureusement, le malade n'ayant sans doute pas voulu prendre un remède ayant une aussi mauvaise odeur.

Mangé était alors seul pharmacien à Bain, aussi fit-il fortune.

M. Roquet, receveur des Contributions indirectes, qui avait les allures d'un escargot, prétendait qu'il se pressait toujours trop, et que toutes les vicissitudes qui lui arrivaient étaient causées par sa précipitation.

Il avait bien cinquante ans lorsqu'il épousa une jeune et jolie jeune fille de Saint-Servan qui lui donna beaucoup d'enfants toujours parce qu'il se pressait trop.

M. Berthelot, le percepteur, n'était sympathique à personne. Avec une tête de bouledogue, et des yeux en boule de loto, il se tenait toujours dans un coin, lisant les journaux sans jamais émettre aucune opinion.

Le pharmacien Mangé vous prenait par un bouton de votre habit, et vous disait dans l'oreille: «Ne parlez pas politique devant Berthelot, c'est un mouchard!»

Le cercle recevait deux journaux, *le Siècle* pour les avancés, et le *Constitutionnel* pour les modérés.

En hiver, les vieux s'installaient, dès le matin, autour du poêle chauffé à blanc, les mouchoirs à carreaux rouges et jaunes des priseurs, chargés de tabac, étendus sur les genoux, et lisaient les feuilles dans le plus grand silence.

L'après-dînée était plus bruyante. Les jeunes venaient en fumant leurs pipes jouer au billard.

La concierge du cercle était mariée au bon père Marmel, facteur, qui chaque jour, traversait les grandes landes de Bagaron pour se rendre à Pléchâtel. Il aimait ce pays où tout le monde le connaissait, et pleura comme un enfant quand on voulut lui donner la circonscription du Sel.

Il avait une jolie fille, appelée Caroline, qui a épousé un habitant de Châteaubriant, et un fils du nom d'Armand, bon comme son père, qui eut le tort d'épouser, à Rennes, une gourgandine qu'il aimait à la folie. Elle fit de la prison pour vol, et rendit malheureux l'infortuné garçon.

Cette famille Marmel a quitté Bain depuis longtemps, les parents sont morts assurément et j'ignore ce que sont devenus les enfants qui furent élevés sous le même toit que moi.

Adolphe Butin

La belle propriété du Plessis-Bardoul, en Pléchâtel, appartenait alors à M. Richard de la Pervenchère, ancien officier qui avait à la joue gauche une longue balafre, résultat d'un coup de sabre reçu sur un champ de bataille.

Il avait un fils, d'une taille gigantesque, mais aussi bon et aimable qu'il était grand.

Son père avait nommé garde de sa propriété du Plessis-Bardoul un ancien maître d'armes de régiment appelé M. Butin qui était en même temps le professeur d'armes du jeune La Pervenchère.

M. et Mme Butin possédaient deux enfants, Louise, jolie jeune fille qui épousa plus tard M. Cahour, de Redon, et Adolphe que ma mère prit en pension chez nous pour permettre à l'enfant d'aller à l'école de M. Guillou. Nous allions souvent, mon frère et moi, passer nos jours de congé dans la famille Butin. Le voyage était charmant. Comme les chemins de fer n'existaient pas encore dans notre pays, il n'y avait pas de route pour se rendre au Plessis. On traversait par de petits sentiers une immense lande, aujourd'hui défrichée, couverte d'ajoncs et de bruyères au-dessus desquels planaient de superbes faucons qui ont été détruits par les chasseurs, et que les naturalistes désignent sous le nom d'oiseaux Saint-Martin.

Que de bonnes parties de pêche nous faisions dans les étangs du Plessis. Que de belles carpes nous y avons capturées.

Je dois confesser que je ne fus pas toujours très bon avec ce petit Adolphe Butin parce que j'étais jaloux des soins que ma mère lui prodiguait. Je l'ai bien regretté depuis.

Il est mort en 1903 ou au commencement de 1904.

LA CHARRETTE A BŒUFS

Quelques vieux habitants de Bain et de Fougeray se rappellent avoir vu sur les routes, vers le milieu du siècle dernier, la marquise de la Pervenchère assise dans un fauteuil, attaché au milieu d'une grosse charrette conduite par des bœufs.

Cette dame, qui habitait tantôt son château du Plessis-Bardoul dans la commune de Pléchâtel, tantôt celui de Bœuvres dans la commune de Messac, imposait l'obligation à ses fermiers d'aller la prendre à Bain quand elle venait de Rennes pour se rendre au Plessis, ou à la Belle Étoile près de Fougeray, lorsqu'elle venait de Nantes et allait à Bœuvres.

Je me rappelle avoir assisté, dans mon enfance, au transbordement de la marquise, de la diligence de Rennes devant l'hôtel de la Croix-Verte, à Bain, dans sa charrette à bœufs.

Les uns prétendaient que c'était par avarice qu'elle se faisait charroyer ainsi, d'autres disaient que c'était pour rappeler les vieux usages de la féodalité que la noble dame espérait peut-être ainsi faire renaître.

Plusieurs de ses valets venaient également au-devant d'elle, et suivaient derrière la charrette.

Son régisseur du château de Bœuvres l'accompagnait quelquefois. C'était un farceur qui disait à ses amis de Fongeray: «Vous allez pouvoir contempler à votre aise la marquise dans sa charrette à bœufs, car je vais l'exposer à vos yeux pendant une demi-heure sur la place.»

Et, en effet, quand ils arrivaient à Fougeray, M... disait à Mme de la Pervenchère: «J'ai différentes choses à acheter pour le château, vous allez être obligée de vous arrêter un instant ici.» Puis il allait rejoindre ses amis au café pendant que tous les enfants du bourg tournaient sur la place autour de la charrette à bœufs.

LES LOUPS

Il n'y a pas beaucoup plus d'un demi-siècle les loups étaient nombreux dans nos campagnes, aussi le jeune la Pervenchère organisait-il, chaque hiver, des chasses à son château de Bœuvres. Il invitait les chasseurs, les fonctionnaires et d'autres jeunes gens de Bain à se rendre à son château où l'on s'amusait plus à table que l'on ne chassait. Les nuits se passaient à boire et chanter.

Un M. Hervé qui avait loué le domaine de Pommeniac eut, un hiver, tous ses chiens mangés par les loups.

Je me souviens qu'un pauvre vieillard infirme du village du Châtellier, commune de Pléchâtel, lança sa béquille à la tête d'un loup qui était entré dans son étable et qui emportait la chèvre du pauvre vieux.

Un homme digne de foi m'a souvent raconté que revenant de Messac à Bain à pied, par un temps de neige, il fut suivi sur les landes par trois loups affamés. Il s'en débarrassa en mettant le feu à des journaux qu'il avait heureusement sur lui et en agitant la flamme devant ces animaux.

Un faux pas dans la neige et cet homme était dévoré.

Je me rappelle également qu'un chien courant appartenant à mon frère, étant entré dans le bois du Perrin, sur le bord de la route de Rennes à Nantes[3], fut saisi par un loup. En l'entendant crier, son maître supposa qu'il était pris dans un piège et courut à son secours. Le loup lâcha le chien, mais il l'avait tellement étreint à la gorge que le malheureux chien n'aboya plus le reste de ses jours.

Une autre fois, un loup rencontra, sur la lande de Bagaron, près de la chapelle de Saint-Eloi, une vieille chèvre qui broutait du bout des dents des ajoncs qu'on appelle à *Piéchâtais* des *jaunas*. La méchante bête se précipita sur la pauvre bique, lui enfonça les dents dans la peau du dos, et la fit marcher devant elle en lui allongeant de temps en temps de grands coups de queue sur le derrière.

La chèvre criait tant qu'elle pouvait en s'approchant le plus possible de la chapelle. Quand elle fut en face de la porte qui était entrouverte, elle fit un effort pour se dégager, y parvint, et d'un saut entra dans la chapelle. Le loup l'y suivit et la lutte recommença. En se débattant la chèvre, de ses cornes, poussa la porte qui se ferma, emprisonnant les deux animaux.

Le loup s'en aperçut le premier et lâchant la chèvre voulut ouvrir la porte. Peine inutile, elle était bien et dûment fermée et il ne trouva aucune autre issue.

Pendant ce temps, la chèvre avait sauté sur l'autel et s'était placée entre deux grands saints de bois dont l'un représentait Saint-Eloi armé d'un énorme marteau de forgeron qu'il brandissait au-dessus de sa tête. La chèvre semblait s'être mise sous sa protection.

Le loup la voyant si bien gardée n'osa l'approcher, d'autant plus que ses inquiétudes au sujet de sa liberté allaient toujours croissant.

La bique ne cessait de geindre, de gémir, de crier même. Elle fit tant et si bien qu'elle arriva à se faire entendre d'un savant, M. de Lanjuinais (neveu du ministre de ce nom) qui était à herboriser en ces lieux et qui, par curiosité, entra dans la chapelle. Qu'on juge de la surprise de ce dernier lorsqu'il aperçut la chèvre sur l'autel et le loup blotti dans un coin. Il alla chercher un fusil et débarrassa le pays d'un hôte incommode et dangereux qui avait été fait prisonnier par une chèvre. À l'heure actuelle, bergers et troupeaux ne craignent plus les loups : on battrait en vain toutes les forêts de l'Ille-et-Vilaine sans en découvrir un seul.

Quel drôle d'homme que ce M. de Lanjuinais qui tua le loup dans la chapelle de Saint-Eloi sur la lande de Bagaron.

C'était comme nous l'avons dit un savant, ancien polytechnicien, mais d'une originalité rare.

Lorsque je le vis c'était presque un vieillard et malgré cela il s'occupait avec passion de botanique, et surtout de la flore des landes qu'il parcourait sans cesse.

Ne possédant sans doute pas de boite à herboriser, il l'avait remplacée par un vieux pantalon. Oui, un pantalon ! qui le croirait ?

Le haut de ce vêtement, lié par une corde, lui pendait sur le dos, tandis que les jambes, passées autour de son cou, se croisaient sur la poitrine. C'était par la brayette qu'il introduisait les plantes dans cet herbier d'un nouveau genre.

Edmond Jochault

J'ai oublié de citer, parmi mes camarades du jeune âge celui que j'ai le plus aimé et le plus regretté.

C'était le fils d'un notaire de Bain. Il s'appelait Edmond Jochault.

Je ne me souviens pas l'avoir connu à l'école primaire parce qu'il fut envoyé très jeune au lycée de Rennes. Ce fut pendant les vacances que nous nous liâmes étroitement et que je pus apprécier son bon cœur.

Malgré d'assez bonnes études, il échoua au baccalauréat au grand désespoir de son père, qui avait rêvé pour son dernier-né un brillant avenir. Aussi ne fit-il rien pour empêcher Edmond de contracter un engagement dans un régiment de ligne.

La guerre de Crimée éclata et le jeune soldat fut dirigé sur Varna où il tomba malade. Une nuit du mois de janvier 1855, dans un accès de fièvre, il sortit de dessous sa tente, et le lendemain matin on le trouva mort dans la neige.

Un soldat de Bain rapporta la montre du pauvre enfant à son père, qui ne se consola pas de la mort de son fils, et ne lui survécut pas longtemps.

Je retrouve sur un vieux cahier, jauni par le temps, les quelques lignes suivantes que j'écrivis peu de temps après la mort de mon ami :

> Combien de beaux projets dans un cœur de vingt ans
> Avait-il réservé pour de plus heureux temps !
> Combien avait-il vu de belles jeunes filles
> À la voix douce et pure, à la blanche mantille,
> Passer et repasser dans un songe enchanteur,
> Comblant à chaque fois les vides de son cœur !
> Combien avait-il vu de lauriers sur sa tête,
> Et combien avait-il projeté de conquêtes !
> Il croyait à la gloire, il croyait à l'amour,
> Et cela n'a duré que l'espace d'un jour.

(Un élève de Saint-Cyr)

Cher Edmond, toi, comme l'infortuné poète, tu as pu dire en mourant :

> Au banquet de la vie, infortuné convive
> J'apparus un jour et je meurs :
> Je meurs et sur la tombe où j'arrive
> Nul ne viendra verser de pleurs !

Non mon pauvre ami, personne ne saura où tes os ont été ensevelis la neige t'a servi de linceul et la terre étrangère de tombeau !

On a parlé de toi pendant huit jours à peine, et aujourd'hui on n'y songe déjà plus. Tes amis n'ont qu'un vague souvenir de ton cœur bon et franc, seul ton père est inconsolable.

Moi, mon cher Edmond, j'espère bien ne jamais t'oublier, et me rappeler, toute ma vie, nos douces confidences !...

(Janvier 1855)

M. Jochault père qui, lui aussi, avait été soldat et avait fait les guerres d'Espagne, était un homme d'une intelligence supérieure ; et bien qu'il n'eût reçu qu'une instruction primaire, eut brillé comme notaire dans une grande ville.

Enfant, petit paysan de la commune de Poligné, il était clerc chez mon aïeul Morel Bois-Greffier, et y resta jusqu'à vingt ans, époque à laquelle il partit comme soldat.

Il s'en allait, m'a dit Mlle Angélique Morel Bois-Greffier, ma grand-tante, chaque samedi à Poligné chez sa mère, revenant à Bain le lundi matin, et apportant avec lui un pain et un morceau de lard cuit qui composaient toute sa nourriture de la semaine.

Rentré du service militaire, il succéda comme notaire à son ancien patron.

C'est à tort, à mon avis, qu'on a suspecté son honnêteté, et voici le motif pour lequel son honorabilité a été contestée par beaucoup de gens.

Une famille de paysans du pays fut avisée qu'un de leur parent était décédé en Amérique, laissant quelques biens.

Ces paysans crurent tout de suite à une fortune considérable, et s'en allèrent chez le notaire le prier de faire les démarches nécessaires pour recueillir la succession du défunt.

« Ce sera difficile et long, leur répondit M. Jochault, mais néanmoins, puisque vous êtes mes clients, je prends vos intérêts en mains. »

Il s'y employa, éprouva des difficultés sans nombre, et eut à payer des frais considérables. Bref, l'affaire liquidée, il revint fort peu de choses aux héritiers de l'Américain. Ceux-ci déçus jetèrent les hauts cris, accusèrent M. Jochault d'avoir gardé pour lui une partie de la succession, et ce qu'il y eut de plus triste, presque tout le monde le crut.

Cependant à la mort de ce notaire, qui avait fait beaucoup d'affaires, qui avait travaillé toute sa vie, il ne laissa à ses enfants que la grande maison, place Saint-Martin, qui appartient aujourd'hui à M. Baptiste Jacquart, et une ferme de petite valeur aux villages de la Boulais et de Pince-Loup.

Le notaire vaillant

Que de fois ai-je entendu prononcer ce nom dans mon enfance.

Cet homme était, au commencement du siècle dernier notaire à Bain où il jouissait de l'estime et de la considération de tous.

Il avait un train de maison considérable et donnait des festins auxquels étaient conviés ses principaux clients et les notables du pays.

On avait une telle confiance en lui que c'était à qui lui porterait son argent ; non seulement les riches mais aussi les travailleurs économes, les servantes, les cultivateurs qui parvenaient à réaliser quelques épargnes pour leur vieillesse.

Et ce n'était cependant qu'un misérable que ce notaire qui remplissait ses caisses pour fuir avec ses richesses.

C'est ce qu'il fit un soir. Il prit sous les halles la diligence de Nantes sur laquelle il fit charger ses lourdes sacoches et décampa sans tambour ni trompette.

L'une de ses valises lui fut dérobée, assurait-on, par des gens qui, de pauvres qu'ils étaient, devinrent riches du jour au lendemain. Les victimes de ce voleur étaient nombreuses, et pour beaucoup ce fut un désespoir navrant et une ruine complète.

Vaillant se sauva en Angleterre et fut condamné par contumace.

Après de longues années à l'étranger où il dépensa jusqu'à son dernier sou, il rentra en France dans une telle misère qu'il se constitua prisonnier. Il n'avait plus qu'un an pour atteindre le délai auquel la justice n'avait plus aucun droit sur lui.

L'ancien notaire de Bain est mort au bagne.

J'avais quatorze ans lorsque je quittai l'école primaire pour aller travailler, les trois premiers jours de chaque semaine, au bureau de l'enregistrement, et les autres jours chez les deux percepteurs en résidence à Bain.

M. David, receveur de l'enregistrement, originaire de la Réole, était un petit homme brun, énergique, intelligent, instruit, avec des opinions extrêmement avancées que, malheureusement pour lui, il manifesta trop ouvertement.

Il avait épousé, dans l'un de ses précédents bureaux, la fille d'un aubergiste, d'une beauté idéale, mais presque sans instruction, de sorte qu'elle ne pouvait guère être que la servante de son mari. Ils faisaient néanmoins très bon ménage, et avaient un ravissant petit garçon appelé Henri.

Pauvre famille ! Qu'est-elle devenue ? S'étant trop fait remarquer à la Révolution de 1848 par ses opinions socialistes, quand vint la réaction, il fut envoyé en disgrâce à Marennes. J'ai entendu dire depuis qu'il avait perdu sa situation et qu'il s'était vu, pour vivre lui et les siens, dans la nécessité d'exercer un petit commerce à Paris.

M. Blouin, percepteur de Bain, était un ancien marin, sans instruction, qui n'aurait pu faire sa comptabilité sans l'aide de son collègue M. Hy.

Il avait épousé la fille d'un juge de paix de Quintin, une charmante et jolie femme, instruite et intelligente qui, sans dot, avait consenti à épouser un brave homme sans instruction.

M. Blouin, pour incapacité et négligence, fut envoyé en disgrâce au Grand Fougeray où il ne quitta plus les cafés. La gêne s'introduisit dans le ménage, la conduite de la femme devint légère, et le malheureux percepteur subit une nouvelle disgrâce, contracta des dettes et se suicida.

Cette famille avait, elle aussi, de ravissants enfants. Que sont devenus ces chers petits êtres que j'aimais tant à caresser?

Au départ du receveur de l'enregistrement M. David, et en attendant l'arrivée du nouveau titulaire, ce fut un surnuméraire qui fit l'intérim. Il se nommait Rouxin et appartenait à une famille aisée de Saint-Servan. C'était un gros garçon au poil rouge, assez aimable, et plein de lui-même.

Il me procura, sans s'en douter, un plaisir qu'il faut que je raconte:

Mon oncle Victor Delaunay qui conduisait, pour le compte de son père, la diligence de Bain à Rennes, m'offrit un jour de m'emmener avec lui pour me conduire au théâtre. Comme bien l'on pense j'acceptai avec empressement. On jouait le *Val d'An-dorre*, et cet opéra me causa une joie immense.

M. Rouxin m'avait prié d'aller chez le libraire Grandhomme, sous les arcades, qui tenait un cabinet de lecture, demander un roman pour son abonné.

Il me donna *la Petite Fadette*, de George Sand.

Le lendemain matin, perché sur l'impériale de la diligence j'ouvris ce livre et je le lus d'un bout à l'autre pendant le cours du voyage.

Le vieux chevrier de l'opéra du *Val d'Andorre* et la *petite Fadette* furent pour moi un régal de l'esprit dont je me suis souvenu toute ma vie.

En quittant Bain, M. David connaissant mes goûts me fit cadeau des *Études de la nature* par Bernardin de Saint-Pierre.

En me les remettant, il me dit: «Lisez, jeune homme, tous les livres à votre disposition, dans chacun d'eux vous trouverez quelque chose qui mérite la peine d'être lue.» Je n'ai jamais oublié ces paroles.

Un M. Poiçon de la Blanchardière fut nommé titulaire du bureau de l'enregistrement de Bain. Il m'offrit de travailler toute la semaine avec lui et j'acceptai.

C'était un homme bien élevé, distingué et fort aimable. Il me prit en affection et chaque lundi, jour de marché, après une journée laborieuse, il m'invitait à dîner avec lui.

M. de la Blanchardière devint triste et malheureux. Il avait épousé une demoiselle de Cadaran, de Dinan, constamment malade, et qui fut forcée d'aller à Paris passer de longs mois pour se faire opérer par le docteur Jobert de Lamballe.

Chaque jour, après le bureau, j'accompagnais M. de la Blanchardière à la chasse, de sorte que nous en étions arrivés à passer notre vie ensemble.

J'ai sur ma cheminée un souvenir de cet ami d'antan, un petit bougeoir en bronze qu'il m'offrit lorsque je le quittai pour aller travailler à Rennes.

Il est mort, lui aussi, comme tous ceux, hélas! plus âgés que moi à cette époque de ma jeunesse.

Le figuier de la cour ceinte

Le bureau de poste, ayant pour receveuse Mlle Blin, était situé au fond de la cour qui, alors comme aujourd'hui, s'appelait la *cour ceinte,* c'est-à-dire la cour close.

Un grand figuier étendait ses rameaux à côté de la boîte aux lettres, et c'était là, sous son ombrage, toutes les après-midi, le rendez-vous des dames de Bain.

Que de ravissantes jeunes filles se sont assises à cette place, et presque toutes ne sont déjà plus : Amélie Filloux, Azélie Houdbine, Jenny Lepot et tant d'autres.

Les femmes des fonctionnaires, de passage à Bain, venaient, elles aussi, s'asseoir sous l'arbre, et apprendre les nouvelles.

Chaque jour, à quatre heures, à la fermeture du bureau de l'enregistrement, je portais le courrier à la poste. J'appréhendais ce moment car il me fallait passer près de l'essaim des dames qui jacassait sous le figuier. J'étais alors extrêmement timide et je devenais gauche et ridicule lorsqu'elles m'interpellaient et même lorsqu'elles ne me disaient rien. Et cependant Mme Filloux était toujours bonne et aimable avec moi.

Aujourd'hui que je pense à tous ces frais minois, si joyeux alors, et déjà enfouis dans la terre, mon cœur se serre d'angoisse à ce retour vers le passé.

Pauvre mère

Dans un champ, sur le haut du coteau de Bertaud, non loin de l'ancien moulin à vent, je rencontrais souvent une pauvre veuve sombre et triste.

Je m'arrêtais pour échanger quelques mots avec cette femme, appelée Marie Pegeot, du village de la Ferté.

Elle avait eu dans sa vie un chagrin que le temps n'efface jamais dans le cœur d'une mère.

L'un de ses enfants, un gentil petit garçon, gardait un jour une vache dans un chemin creux. Il avait lié, l'imprudent, à son poignet la corde qui retenait l'animal. Soudain la bête eut peur, fit un bond, renversa son conducteur et, s'enfuyant, le traîna après elle.

Le pauvre petit eut la tête fracassée par les pierres du chemin, et le corps meurtri et déchiré. Quand on le retrouva il était mort. Sa mère pensa devenir folle, et depuis ce malheur affreux, le rire ne reparut jamais plus sur ses lèvres.

Avant de quitter mon pays, pour aller habiter Rennes, je vais faire en sorte d'esquisser les silhouettes de quelques-uns de ses habitants.

Le pêcheur a la ligne

Je n'ai jamais connu d'hommes plus malheureux que cet infortuné pêcheur. Brave homme au demeurant, mais singulièrement original et même, il faut l'avouer, un tant soit peu fou...

M. Germain – c'était son nom – était né à Bain, mais avait quitté son pays tout jeune pour entrer, à Rennes, dans une grande maison de droguerie appartenant à M. Rouxin-Elias. Par sa bonne conduite, son travail et son intelligence, il en devint le voyageur. Très économe, il amassa une petite fortune et ne songeant pas à se marier il revint à Bain pour jouir de ses économies.

Il croyait, le malheureux, y trouver le bonheur, comme si le bonheur existe quelque part, aussi n'y trouva-t-il que des déboires.

Devenu très pieux, les conversations licencieuses à table d'hôte des commis voyageurs, ses anciens camarades, l'exaspéraient. Son caractère s'aigrit, et tout lui devint insupportable.

Les chiens qui aboyaient, la nuit, dans sa rue, le mettaient hors de lui. Il amassait des cailloux sur ses fenêtres pour les leur jeter, et les chiens en recevant les projectiles aboyaient plus fort, de sorte que les nuits de M. Germain se passaient sans sommeil.

Il eut l'idée, un hiver, de prendre un permis de chasse pour tirer les grives. Or c'est un oiseau qui ne se laisse pas approcher facilement, aussi n'en tua-t-il aucun. Sa chasse se borna à deux ou trois passereaux.

Son pauvre petit chien – un charmant petit basset qu'il avait acheté – fut un souffre-douleur. Il lui présentait de petits morceaux de pain sur une assiette, mais comme la bête le redoutait elle s'éloignait, et alors son maître ou la privait de nourriture ou la rouait de coups.

Voyant qu'il n'avait pas de succès à la chasse, il s'en alla pêcher dans la petite rivière le Semnon. Moins malheureux comme pêcheur, il s'adonna presque chaque jour à ce genre de distraction. Seulement comme il avait une peur atroce des chiens enragés, il était armé d'une petite fourche en fer vissée au bout d'un long bâton.

À sa mort j'héritai de cette arme qui serait, en effet, terrible. Mon frère et moi nous allions quelquefois à la pêche avec M. Germain qui, un jour, dit à notre mère qu'il était effrayé de la responsabilité qu'il assumait en nous emmenant au bord de l'eau. On nous signifia donc de ne plus l'accompagner.

Le vieux pêcheur tomba malade, et ne se trouvant pas bien soigné à Bain, il partit pour Rennes, à la recherche d'une maison de santé. N'en trouvant pas, il offrit ses revenus au directeur de l'asile des aliénés qui l'admit au nombre de ses pensionnaires. Il est mort dans cet établissement.

Malgré ses originalités je l'aimais bien. Il avait, il est vrai, pour moi, des attentions et même une affection réelle. Lorsque j'habitais Rennes, je m'en allais, chaque samedi, passer le dimanche en famille. Or M. Germain avait, en été, cueilli mon intention un bouquet de bruyères pour fleurir ma mansarde, et si l'on était en hiver il avait cherché dans les bois des plumes de corbeaux avec lesquelles j'aimais à écrire et qu'il aimait à m'offrir.

Quand je retourne au pays et que je vais revoir les rochers de Quenouard, au bord du Semnon, c'est avec un sentiment d'angoisse que je songe à M. Germain, à mon oncle Hy, aux frères Garnier avec lesquels j'ai passé en ces lieux de si joyeux moments.

Tante Leray

Toute la jeune génération de Bain a connu Mme Leray, qui tenait un magasin d'épicerie sur la place de la République et qui vendait aux enfants des caramolets[4]. Elle était appelée par tout le monde tante Leray, parce qu'elle avait de nombreux neveux et nièces, cousins et cousines qui l'appelaient ainsi.

Elle était veuve d'un mauvais sujet qui l'avait rendu fort malheureuse.

Un jour ce M. Leray, qui exerçait la profession d'horloger, après une scène de ménage, se rendit dans la famille de sa femme dans un état d'exaspération tel qu'il déclara que la vie lui était insupportable et qu'il allait s'en débarrasser.

Il y avait là l'oncle Joson Delaunay, frère de tante Leray, garçon fort drôle qui bégayait. Entendant son beau-frère dire qu'il voulait se tuer, il alla aussitôt chercher son fusil, et lui dit:

—Tiens v'là, v'là, v'là mon fusil. Puisque tu tu tu veux mourir, il fera ton affaire. Vaut beaucoup mieux, vois-tu, que ça se passe en famille. Prends le donc et ne te gêne pas.

Leray qui n'avait pas la moindre envie de se suicider tourna les talons et se sauva au milieu des éclats de rire des personnes présentes.

MES TROIS ONCLES EUGÈNE, JOSEPH ET VICTOR DELAUNAY

J'ai peu connu l'aîné de mes oncles, Eugène Delaunay. J'étais très jeune quand il est mort, et cependant je le vois encore sur son lit, la figure terreuse, avec un délire effrayant, pendant sa longue maladie. J'ai de lui un petit livre, relié, ayant pour titre: *Victor ou l'enfant de la forêt,* avec son nom en lettre d'or sur la couverture, et à la première page son nom et son adresse écrits de sa main. Je vais donner ce volume aux cousines Desgrées, pour qu'il ne quitte pas la famille de Bain.

Joseph, que nous appelions *tonton Joson,* nous confectionnait, à mon frère et à moi, des tremées, sortes de cages en bourdaine, avec lesquelles nous prenions, pendant l'hiver, les oiseaux dans notre jardin.

Au printemps il nous apprenait des nids.

Il supportait les plus grandes douleurs physiques sans se plaindre. Un jour il s'écorcha jusqu'à l'os la peau d'une jambe en dégringolant du haut d'une charrette chargée de foin. Il releva et recolla lui-même les lambeaux de peau sur sa jambe et y appliqua un bandage.

Victor, le plus jeune, celui que j'ai le plus connu et le mieux aimé, avant d'épouser Mlle Fréné, et avant d'être maître d'hôtel de la Croix-Verte, conduisait la diligence de son père, qui faisait le service entre Rennes et Bain.

Cette voiture partait de Rennes à six heures du matin et arrivait à Bain à dix heures. Elle repartait à deux heures de l'après-midi.

Aussitôt arrivé à Bain, Victor allait courir la campagne où nous le suivions mon frère et moi, tantôt à la chasse aux merles, tantôt à la recherche de salades de raiponces dans les fossés, de macres (châtaignes d'eau), ou bien encore de cerises, de pommes, de noix, etc.

Tous les trois sont morts avant cinquante ans, et cependant c'était de vigoureux gaillards; malheureusement pour eux, ils absorbaient trop de consommations au café, et aux heures des repas ne pouvaient plus manger. Ils moururent pour ainsi dire d'inanition.

Victor fut pour moi, à Bain comme à Rennes, d'une bonté extrême dont j'aime à me souvenir.

Un chasseur de ramiers

Lorsque les époux Gouty vinrent habiter Bain, ils étaient déjà vieux. Le mari était étranger au pays, mais il avait épousé, à Paris, une servante née à Bain. Lui était petit et maigre tandis que sa femme était grande et forte. Elle possédait une formidable paire de moustaches et de longs poils au menton.

Je me suis laissé dire qu'ils avaient gagné, dans la capitale, une petite aisance à promener des enfants, aux Champs-Élysées, dans de petites voitures traînées par des chèvres.

Ils firent construire sur la route de Messac, aux Courbetières près de Bain, une petite maison simplette, à un rez-de-chaussée seulement, mais très propre, avec une petite cour devant.

À quinze ans je n'avais pas grande ambition, et j'en rêvais une semblable pour mes vieux jours.

Le petit père Gouty prit un permis de chasse pour aller, le soir dans les bois, attendre les ramiers à l'affût. Ce qui ne fut d'abord qu'un passe-temps devint bientôt une véritable passion. Il ne fit plus que cela le long des hivers. Il ne se contenta plus d'attendre les pigeons, il les poursuivit tout le jour dans les champs ; mais comme ces oiseaux sont très méfiants, il était obligé de ramper, derrière les talus et dans les fossés, comme un reptile. Que de fois l'ai-je surpris, se traînant sur le ventre, sans faire le moindre bruit.

Ce métier n'est pas sain ; aussi attrapa-t-il, comme on dit chez nous, des fraîcheurs auxquelles succédèrent des rhumatismes qui le clouèrent sur le lit pour le reste de ses jours.

À sa mort, sa femme vendit la petite maison, objet de mes convoitises, et s'en alla habiter une chambre à Bain où elle a vécu jusqu'à un âge très avancé.

Je suis peut-être le seul à me souvenir des époux Gouty qui n'ont pas laissé d'enfants après eux.

Monsieur Cuault

M. Cuault, ancien géomètre du cadastre, avait épousé une débitante de tabac, de Bain, assez jolie, de laquelle il eut deux fils. L'un est devenu juge de paix de Rennes, l'autre a dissipé ce que ses parents lui avaient gagné.

M. Cuault, très brave homme, sans instruction, disait lorsqu'une action lui paraissait blâmable, *c'est hontable !*

Je me souviens que revenant avec lui de Rennes, où il était allé voir ses fils à la pension Saint-Vincent, il me dit : « Mes enfants n'apprennent rien ; mais je n'en suis pas surpris, *ils poussent tout en bois.* Ils sont comme les poiriers qui, jeunes, ne donnent souvent pas de fruits parce qu'ils croissent trop vite et s'épuisent à fournir des rameaux. Mes fils sont de même. » Il avait, paraît-il, des connaissances en arpentage. Deux jeunes gens de Rennes, MM. Burdelot et Joly, qui préparaient leur examen pour les contributions directes, vinrent à Bain pour prendre, avec lui, des leçons sur le terrain.

LE GENDARME OLLIVIER

Le gendarme, du nom d'Ollivier, était un grand bas-breton au poil rouge, d'une force athlétique, d'une douceur d'enfant, mais la terreur des braconniers.

Il adorait son métier, et accomplissait son devoir avec un zèle inouï. En voici un exemple :

Il y a près d'un demi-siècle, un garçon de ferme d'un village de la commune de Pléchâtel, disparut subitement sans qu'on pût savoir ce qu'il était devenu. Une enquête fut faite par l'autorité, qui ne donna aucun résultat.

Près d'un an s'était écoulé, lorsqu'un cadavre décomposé, avec la figure écrasée, fut trouvé dans un fossé. On lui avait mis un couteau entre les mains pour faire croire à un suicide ; mais l'arme n'était pas rouillée et la mort de la personne pouvait bien remonter à un an.

Le parquet de Redon vint sur les lieux. Tous les habitants du village furent interrogés, sans qu'on pût obtenir d'eux le moindre renseignement propre à mettre la justice sur la trace de l'assassin, tant ils avaient peur de se compromettre.

Ollivier se promit de découvrir le coupable, et voici comment il s'y prit :

Il alla les dimanches matin, avant le jour, se coucher enveloppé de son manteau, dans les fossés près desquels passaient les bonnes femmes qui se rendaient à la première messe, et là, il écoutait leurs conversations et sut ainsi ce qu'il voulait connaître.

Le meurtrier était le fermier même chez lequel travaillait le garçon disparu. Celui-ci avait eu des relations avec la fille de la maison. Le maître s'en aperçut et résolut de venger son honneur. Sa fille, elle-même, regrettant sa faute, assista froidement à la mort de son amant.

Le cadavre avait été enfoui dans un fumier, et lorsqu'il fallut transporter l'engrais dans les champs, les restes du pauvre diable furent jetés dans un fossé.

L'assassin ayant prémédité son crime, et l'ayant accompli dans des conditions atroces, fut condamné aux travaux forcés.

La petite servante de Guipry

Une jeune et jolie servante, de seize à dix-sept ans, en service chez Mme Chevrier, au port de Guipry, partit un matin de juillet de chez sa maîtresse pour aller voir ses parents qui habitaient un village de la commune de Messac.

Elle quitta la grande route de Bain à Redon, en face le château du Hardaz, pour prendre un sentier à travers champs, où elle fut rejointe par un homme qui l'avait suivie.

Que se passa-t-il entre eux? Un drame affreux sans doute.

Quelques jours plus tard, le cadavre de l'enfant fut découvert dans les blés. Le misérable qui l'avait tuée s'était livré sur elle aux plus cruels outrages.

Le cantonnier de la route, suspecté du crime, fut interrogé, arrêté et envoyé devant les assises. Il nia avec énergie.

Malgré la presque certitude de sa culpabilité, le jury l'acquitta faute de preuves suffisantes.

Ce cantonnier ne put rester dans le pays, où tout le monde le fuyait avec horreur.

La lutte pour la vie

J'allais avoir dix-sept ans, et mes modiques appointements ne m'eussent pas permis de vivre sans le secours de ma famille. Je songeais donc à trouver un emploi un peu plus lucratif.

Je dois aussi ajouter que Rennes m'attirait, et qu'ayant entrevu la vie des étudiants, dans quelques-uns de mes voyages au chef-lieu de la Bretagne, j'étais arrivé à envier leur existence.

J'entretins de mes projets d'avenir M. Rabot[5], inspecteur des Domaines, qui, bientôt, obtint pour moi un emploi, encore assez modeste, au bureau de l'enregistrement de Rennes, chez un M. Phétu.

Je trouvai à l'hôtel Piré, dans la rue du Champ de Mars, où descendait la diligence de mon grand-père Delaunay, un logement et une pension à un prix modéré.

Je fis promptement connaissance, au bureau, de charmants jeunes gens, qui aspiraient à devenir receveur des Domaines, et dont j'aurai bientôt l'occasion de parler.

Malgré cela, je me trouvai bien seul dans ma petite mansarde, et la nostalgie du pays s'emparait de moi.

Hélas! le samedi soir, jour de marché à Rennes, les notaires de la banlieue apportaient de nombreux actes à enregistrer, et je ne sortais guère, ce jour-là, qu'à six heures du soir.

Or, la diligence de Bain partait à quatre heures, et le chemin de fer de Redon n'existait pas.

Je pris la résolution de m'en aller à Bain à pied tous les samedis.

Après le dîner de la table d'hôte, qui se terminait à sept heures, je montais dans ma chambre pour prendre des chaussures de chasse et un petit fusil à un coup que je mettais sous mon bras, et je partais bravement pour franchir les trente-deux kilomètres qui me séparaient de Bain.

Le lendemain dimanche, après avoir dormi quelques heures, j'accompagnais, parfois, mon frère à la chasse.

J'ai fait ce trajet, de Rennes à Bain, la nuit, pendant bien des années. Lorsque la pluie ou la neige ne cessait pas, je couchais au village de Bout-de-Lande, à 4 lieues de Rennes, et de Bain, dans une véritable auberge tenue par la mère Cordon qui me prit en affection, me choya le mieux quelle put, et ne me fit jamais payer mon lit plus de cinquante centimes.

Je partais dès quatre heures du matin, pour rassurer ma mère qui mourait de frayeur en songeant à tous les accidents qui pouvaient m'arriver sur la route; mais non, je n'ai jamais fait aucune mauvaise rencontre.

C'était le bon temps au contraire: Oh! les beaux rêves d'avenir, d'espérance, de joie, de bonheur qui hantaient mon esprit pendant les six heures de voyages, rêves, hélas! trop tôt évanouis.

Je ne tardai pas à connaître, non seulement les accidents de terrain, les sinuosités de la route, les maisons éparses çà et là, mais encore la configuration de chaque champ.

Je me remémorais ce qu'on m'avait raconté sur tel et tel endroit: ici, la lutte des bleus et des chouans, là, l'auberge de Bel-Air, où les voyageurs égorgés étaient enterrés dans la prairie longeant la route, etc.

ARTHÈME BAUDOIN

Mon frère m'avait remplacé au bureau de l'enregistrement de Bain, qui avait alors pour titulaire M. Arthème Baudoin, fils d'un conseiller à la cour de Rennes.

Je n'ai jamais connu d'homme plus sympathique que ce M. Baudoin, et d'un caractère plus uni et plus charmant. C'était l'artiste dans toute l'acception du mot : poète, musicien, homme d'esprit, bon comme il n'est pas possible de l'être, obligeant et possédant la beauté qui attire irrésistiblement. Il suffisait de le voir une fois pour l'aimer. C'était une de ces natures privilégiées pour lesquelles on ressent immédiatement une sincère affection.

Il avait de grands cheveux relevés sur le cou, un front bombé et des yeux bleus d'une douceur infinie.

Je ne me souviens jamais de lui sans sentir au cœur un sentiment d'angoisse car il est allé, lui aussi, rejoindre tous ceux que je pleure, et que je ne reverrai jamais plus.

Il fut témoin à mon mariage, et comme je lui avais offert ma chambre de garçon pour y passer la nuit, il écrivit sur un album, qu'il avait trouvé sur ma table, des vers à l'adresse de Mlle Léonie Hervé, de Pemmeniac, jeune fille fort jolie, de laquelle il était épris.

Baudouin aimait les vieilles traditions, les chansons de nos grands-mères et il savait dire et chanter comme un barde des temps anciens.

Avant de venir à Bain, il avait été, pendant plusieurs années à Martigné-Ferchaud, où il avait alors des forges qui occupaient un grand nombre d'hommes. Il passait ses soirées d'hiver aux forges parmi les ouvriers qu'il aimait et qui l'adoraient. Il recherchait la société des humbles, et trouvait leurs conversations plus instructives que les phrases banales et vides de la société civilisée.

C'était aussi un chasseur habile, et l'un des meilleurs tireurs du pays. Il fut le professeur de mon frère et en fit un véritable Nemrod.

Notre ami aimait la nature avec passion ; il connaissait l'histoire naturelle pour l'avoir apprise dans les bois et les champs. Les mœurs et les noms des oiseaux lui étaient familiers et tout, dans la campagne, était sujet d'études pour son âme mélancolique et rêveuse.

Quand il quitta Bain, pour aller aux Herbiers, il versa des larmes de regret, et ce fut un deuil général dans notre petite ville. Il en avait été de même à Martigné, partout où ce brave et digne garçon a passé, il a su se faire aimer.

Il est mort conservateur des hypothèques à Saint-Nazaire.

MES COLLABORATEURS DU BUREAU DE L'ENREGISTREMENT DE RENNES

Ils étaient nombreux les étudiants qui venaient, chaque jour, passer quelques heures au bureau de l'excellent et savant receveur M. Phétu. Les uns étaient déjà surnuméraires et les autres seulement postulants.

Il y avait un jeune surnuméraire, très pieux, membre de la société de Saint-

Vincent-de-Paul, appelé M. Trévédy, qui est mort, il y a peu de temps, conservateur des hypothèques à Rennes.

M. Leguay, surnommé *le petit bar,* un ami de café de mon oncle Victor Delaunay.

Un M. Gaudin, charmant garçon extrêmement myope, qui, lui, est devenu notaire, puis s'est retiré aux environs de Paris. Il s'est souvenu de moi, pour me féliciter lorsque j'ai été nommé Chevalier de la Légion d'honneur.

M. Girot qui m'apprit à empailler des oiseaux, exercice auquel je me suis livré pendant bien des années. J'ai retrouvé, il n'y a pas très longtemps, des sujets empaillés par moi, des oiseaux, des écureuils, des grenouilles, dans des chambres garnies de Rennes, habitées il y a un demi-siècle par des camarades auxquels j'avais donné ces natures mortes.

Je viens de découvrir, sur l'un de ces jeunes gens du bureau, les lignes suivantes, écrites dans ma petite mansarde de l'hôtel Piré, le 4 janvier 1855.

À LA MÉMOIRE DE MONTIGNY

Je me souviendrai toute ma vie de cet aimable Gascon, aux saillies heureuses et aux reparties spirituelles, qui vient de servir de pâture aux poissons de la Baltique.

Il y a deux ans à peine qu'il était dans le même bureau que moi, admiré de ses collègues pour son esprit caustique et sa distinction. C'était aussi à cette époque qu'il venait dans ma mansarde passer ses soirées, et où nous devisions à loisir sur l'avenir qui nous était réservé.

Il me semble encore le voir, son binocle sur le nez, son carton sous le bras, allant chaque jour prendre sa leçon de dessin, dans la rue Leperdit, chez le père Paillard, dont il était l'élève le plus habile.

Ses visites chez moi devinrent moins fréquentes. Aimé, choyé des étudiants il les fréquentait davantage et fut promptement entraîné à des dépenses que ses moyens ne lui permettaient pas de faire.

Quand je le rencontrais, ce qui devenait de plus en plus rare, je lui parlais de Bain, où il était allé faire un intérim de trois mois, je lui rappelais nos promenades dans les bois, nos pêches dans le Semnon, je cherchais, par tous les moyens possibles, à le faire changer de vie, mais malheureusement il était trop tard.

Une fois reçu licencié en droit, il fut envoyé surnuméraire des domaines à Alençon. Là, comme à Rennes, il fréquenta des jeunes gens beaucoup plus riches que lui et qui jouaient. Il fit comme eux et contracta des dettes que son père, entrepreneur des travaux des détenus de la maison centrale de Rennes, était dans l'impossibilité de payer.

L'infortuné garçon s'engagea dans les chasseurs de Vincennes et fut désigné pour faire la campagne de Bomarsund.

Était-ce bravoure ou cherchait-il la mort? Il fut un des premiers à vouloir débarquer, mais aussi fut-il le premier tué!...

Enfin, parmi mes collaborateurs, se trouvait un nommé Delatouche, frère d'un tanneur de la rue Saint-Hélier, qui étant fort en thèmes latins, donnait des répétitions à ses jeunes amis qui préparaient leur baccalauréat. Je m'étais lié assez étroitement avec lui, et c'est dans sa chambre que je fis la connaissance de ceux qui devaient devenir, dans la vie, mes véritables amis : Armand Marchand, aujourd'hui général de division ; Louis Hamon (fils d'un préfet de Rennes) qui est mort commissaire de police à Paris en 1903 ; Mac-Anliff, d'abord médecin de la marine, et présentement médecin civil dans l'île de la Réunion.

J'aurai l'occasion de revenir bientôt sur le compte de quelques-unes de ces amis de la première heure.

Changement de situation

J'étais depuis deux ans au bureau de l'enregistrement de Rennes lorsque son titulaire, M. Phétu, fut mis à la retraite.

Le nouveau receveur amenant avec lui son employé, j'allais être obligé de chercher une autre position. Heureusement que M. Phétu fils, vérificateur des domaines, s'intéressa à moi et me trouva un emploi au bureau des actes judiciaires de Brest, chez un Monsieur de la Buffetière.

Si à mon arrivée à Rennes, j'avais eu la nostalgie des landes de mon petit pays de Bain, ce fut bien autre chose à Brest mais je n'y restai pas longtemps.

Mon oncle, M. Hy, qui avait été nommé percepteur à Combourg, fit dans cette localité la connaissance d'une vieille fille noble appelée Mlle de Graintheville, tante du préfet de Rennes M. Combe-Sieyès. M. Hy parla de moi à cette demoiselle, lui fit mon éloge, lui dit combien il regrettait de me voir loin de lui, du désir que j'avais de revenir à Rennes, et, bref, la pria de me faire entrer dans l'administration départementale.

Le préfet qui aimait beaucoup sa tante et cherchait par tous les moyens à lui être agréable, m'accepta dans ses bureaux et me témoigna promptement son affection en proposant à M. Deluen, conseiller général du canton de Bain, de m'avancer l'argent nécessaire pour acheter un remplaçant lorsque je fus déclaré propre au service militaire par le conseil de révision.

M. Deluen, qui était notaire, lui répondit que, lui, m'avancerait la somme dont j'aurais besoin et que je le rembourserais sur mes économies. Ce qui a eu lieu en effet.

Je revins donc à Rennes et j'entrai à la Préfecture le 12 juillet 1854.

Je repris possession de ma mansarde à l'hôtel Piré et je retrouvai mes amis Delatouche, Marchand, Hamon, et bientôt toute la pléiade des étudiants de l'époque.

Ce fut le bon temps.

MES SOUVENIRS

Attaché à la 3ᵉ Division de la Préfecture (finances), dans laquelle je suis resté 34 ans, j'eus pour chef de division, M. du Margat, homme extrêmement distingué, véritable gentilhomme ayant eu plusieurs duels et recevant, en habit, le publie dans son cabinet. C'était le conseiller et le bras droit des préfets.

Mes collègues étaient :

M. Brault, avocat, chef de bureau.

Augustin Richelot, fils d'un riche banquier de Rennes

Théodore Bouinais, qui me prit en affection, m'invita à des soirées dans sa famille, et fut toujours charmant pour moi.

Jean-Baptiste Demeuré, de Talensac, frère de l'abbé Demeuré, directeur du collège de Ponlevoy où Jean-Baptiste avait fait ses études, nous l'appelions le vieux-loup, à cause de ses yeux qui brillaient comme ceux d'un fauve.

Il épousa, plus tard, la sœur de l'un de mes amis Mlle Devalz.

Il y avait aussi, dans ce bureau, un gros égoïste imbécile, appelé Provost qui, en mourant, a voulu faire parler de lui : par son testament il a légué à la ville de Rennes, un capital dont le revenu est destiné chaque année à une rosière qui doit aller prier et porter un bouquet sur la tombe du gros Provost.

Enfin un attaché, M. de Montigny, qui fut bientôt remplacé par un autre étudiant du nom de Léon Chaillou, lequel devint et resta l'un de mes amis les plus intimes.

Il habitait, avec sa famille, dans le faubourg de Nantes où j'allais presque chaque jour, tantôt prendre des leçons de dessins dont je ne profitais guère, tantôt, le soir, pour aller promener avec mon ami à Bréquigny et dans les campagnes environnantes.

Chaillou devint un brillant avocat, le défenseur des notaires en Cour d'assises. Il fit acquitter Roul de la Hellière, le notaire de Janzé, Guérin, de Vitré, et Bellamy de Brest.

Sur les sollicitations du procureur général, il entra dans la magistrature, fut substitut à Brest et à Nantes, ses appointements étant insuffisants pour payer des dépenses folles, il rentra dans le barreau et a fini, le malheureux, par mourir misérable.

Je n'ai jamais rencontré, dans le cours de mon existence, d'homme aussi brillant que lui. Avec plus de conduite il serait arrivé à occuper les plus hautes situations.

Je l'aimais comme un frère, et je l'emmenais avec moi à Bain, chez ma mère, qu'il appelait maman Orain.

Les autres divisions de la préfecture avaient pour chefs des hommes vraiment instruits.

M. Juloux, aux travaux publics, était docteur en droit. Il soutint, pour l'administration, un procès dans lequel il eut pour adversaire M. Gongeon, professeur de droit administratif à la faculté, et le gagna.

Les chefs de bureau, ou du cabinet du préfet étaient Pontallié, qui devint secrétaire général, Ledage, Lavallée, Gosselin.

Les autres employés qui furent des camarades pour moi, s'appelaient Saulgeot, qui fit mon mariage, Priour, Rucheron, Gombart.

Plus tard, je fis entrer dans ma division, un poète et un musicien, mon pauvre ami Alliou, dont j'ai écrit la biographie dans divers journaux, et qui s'est suicidé, avec sa femme, en se jetant dans la Vilaine au moulin du Comte.

Son corps repose dans un coin du cimetière de Bruz, et celui de Mme Alliou, dans le cimetière de Saint-Senoux.

Mes lectures

Tout enfant j'aimais à lire. D'abord les *Robinson* m'intéressèrent, puis les ouvrages de voyages, d'histoire naturelle, et enfin les romans.

Lorsque mon oncle Hy était venu à Bain il me prêta le *Foyer breton,* d'Émile Souvestre. Ce livre m'enthousiasma et ne me quitta plus. Je le possède encore et le relis quelquefois.

C'est Souvestre, et plus tard Sébillot, qui me donnèrent l'idée d'écrire à mon tour les récits des bonnes gens qui venaient travailler en journée chez ma mère, couturiers et couturières qui charmaient nos veillées à mon frère et à moi.

Qu'ils étaient drôles et amusants les contes du père Constant Tual, de Nenotte Jumel, de la mère Chevalier, de Margr'ite Courtillon, de Marie Niobé et de tant d'autres.

Les uns de ces récits nous faisaient rire aux larmes et les autres nous glaçaient de terreur. Nous en rêvions la nuit.

Ce sont eux qui, racontés par moi, m'ont valu d'être lauréat de l'Académie française.

L'ami Marchand

Armand – c'était son prénom – un peu plus jeune que moi, était interne au lycée, et prenait des répétitions de latin chez notre ami commun Prosper Delatouche.

Son père, simple bourrelier, demeurait loin du lycée, à l'extrémité de la rue de Brest, aussi Armand ne s'en allait pas à midi déjeuner chez lui, et profitait de ma mansarde, à l'hôtel Piré, rue du Champ de Mars, pour venir, en hiver, y faire un peu de feu avec des mottes de tan que m'envoyait ma mère, et manger un morceau de pain avec du fromage ou un fruit.

C'était un gentil garçon, très intelligent, très travailleur, qui fut reçu bachelier ès sciences avec toutes boules blanches, et peu de temps après, admis à l'École spéciale militaire de Saint-Cyr.

La famille Marchand étant dans l'impossibilité de payer la pension du fils à Saint-Cyr, il s'agissait donc d'obtenir une bourse, mais comment s'y prendre?

Ce fut à moi que l'ami s'adressa — en ma qualité d'employé de Préfecture — pour solliciter de la municipalité de Rennes la bourse en question.

Ma supplique fut des plus pathétiques. J'énumérai les titres du candidat reçu d'une façon remarquable au baccalauréat et dans un excellent rang à Saint-Cyr. D'un autre côté je fis l'éloge de cette famille d'ouvriers qui, par un travail acharné et une conduite irréprochable, était arrivée à élever toute une famille, et à donner de l'instruction à deux garçons appelés par leur intelligence à un bel avenir.

Bref, après un avis favorable de la municipalité, la bourse fut accordée par l'État, et mon ami, en me remerciant et m'embrassant, partit pour Versailles, d'où une correspondance hebdomadaire fut échangée entre nous.

Armand est le seul survivant de mes amis de jeunesse. Il a terminé sa carrière comme général de division. Il vient d'être mis à la retraite (1904).

LE CERCLE MILIPEK

Aux grandes vacances de Saint-Cyr, Marchand me fit faire la connaissance d'autres saint-cyriens et de plusieurs de ses amis.

Parmi les premiers se trouvaient les deux frères Legrand, fils d'un entrepreneur de Rennes, tous les deux ayant terminé leurs études militaires, allaient être sous-lieutenant à la fin des vacances.

Ces jeunes gens, Jules et Léon Legrand, sont restés mes amis jusqu'à leur mort. Jules mourut de la variole au début de la guerre de 1870, Léon est décédé lieutenant-colonel à Montbrison. Je suis le parrain de la fille de ce dernier, Marcelle Legrand avec laquelle je corresponds quelquefois.

Je n'ai jamais eu d'amis meilleurs et plus dévoués que les Legrand dans tout le cours de mon existence.

Mais revenons à nos jeunes années.

Nous décidâmes, au début des vacances, de louer, pour quelques mois, une chambre garnie où nous pourrions nous réunir le soir, et même dans la journée en cas de mauvais temps.

Nos amis à Marchand, aux Legrand et à moi, furent Frohard et Goguet, étudiants en médecine. Le premier est médecin à Cancale, et le second est mort à Lyon, major d'un régiment.

Louis Foucqueron, étudiant en droit, plus tard avocat puis conseiller à la cour. Lui aussi est décédé.

Devalz, qui à ce moment se préparait pour Saint-Cyr, ne termina pas ses études, il entra dans les bureaux de la Préfecture et est mort très jeune.

Louis Hamon, fils d'un ancien préfet de Rennes a été commissaire de police à Paris où il est mort. J'ai publié sa biographie dans la revue du poète Tiercelin : *l'Hermine*. Je viens de retrouver le règlement de notre cercle écrit de la main de Marchand, aujourd'hui général de division en retraite.

En voici les principaux passages.

Président	M. Adolphe Orain
Vice-président	M. Léon Legrand
Trésorier	M. Arrnand Marchand

1. Le président a seul le droit de rappeler à l'ordre, mais en son absence le vice-président, et même à défaut de celui-ci, le trésorier jouit du même droit.
2. Le club a des jours de grandes réunions. Le jour d'une réunion est fixé à la réunion précédente.
3. Les réclamations se font aux jours de grandes réunions.
4. Les invités comme les membres ne jouent au club qu'au bénéfice de la caisse.
5. Le dernier sortant remet la clef à la concierge ou la suspend au clou.
6. Les amendes ci-dessous désignées ont été votées à la majorité.
7. Aucun étranger ne peut devenir membre du club.
8. Les présents règlements seront signés par tous les membres.
9. Tout cas litigieux sera jugé par tous les membres et voté à la majorité.

1. Tout membre qui, en entrant ou en sortant, ne se découvre pas paie une amende de   0,05 F
2. Tout membre qui en entrant ou en sortant ne ferme pas la porte paie   0,05 F

3. Tout membre qui amène au club des étrangers paie pour chacun d'eux 0,05 F

4. 5. 6. (à ne pas mettre ici)

7. Tout membre qui fait un calembour paie 0,05 F

8. Tout associé qui se sert du tabac, de la pipe ou du papier à cigarettes de l'un des membres présent ou absent sans son consentement, paie 0,10 F

9. Tout membre qui ne tutoie pas l'un des associés 0,05 F

10. Tout membre qui appelle un associé autrement que par son prénom, paie 0,05 F

11. Tout membre qui enlève de la chambre un objet appartenant à l'un des membres présent ou absent 0,25 F

12. Tout membre qui jure le nom de Dieu paie 0,05 F

13. Tout membre rappelé trois fois à l'ordre dans la même soirée par le chef de l'assemblée paie 0,15 F

14. Tout membre qui apporte un livre pour la chambre, l'inscrit le jour même sur la liste ou paie 0,10 F

15. Tout propriétaire d'un livre inscrit peut l'emprunter en l'effaçant de la liste, ou paie 0,10 F

16. Tout membre qui emporte un livre appartenant à la chambre doit le rapporter le jour même et paie 0,25 F

17. Le retard de chaque jour amène une augmentation de 0,25 F

18. Tout membre qui se trompe en distribuant les cartes 0,05 F

19. Tout membre qui manque à une grande réunion (à dix heures on est considéré comme manquant) paie 0,50 F

20. Chaque demi-heure de retard après l'heure fixée amène une amende de 0,25 F

21. Tout membre qui laisse la clef dans la serrure et qui quitte la maison paie 0,50 F

22. Tout membre qui emporte la clef paie 0,50 F

23. Le trésorier inscrit chaque jour les dettes et les motifs des dettes des associés ou paie 0,10 F

24. En l'absence du trésorier, celui qui contracte une dette, l'inscrit lui-même, ou paie 0,10 F

25. Tout membre qui, ayant contracté une dette, ne la déclare pas dans les trois jours, paie 0,50 F

26. On a un délai de quatre jours pour payer ses dettes ; chaque jour de retard amène une augmentation de 0,10 F

27.   Tout membre qui déchirera le présent règlement, ou rayera un article, ou
      en inscrira un non voté par tous les membres, paiera   0,50 F

Suivent les signatures: Le président: A. Orain. Le vice-président: L. Legrand.
Le secrétaire: Marchand. L. Hamon, Foucqueron, Frohard, Goguet.

LA BONNE TANTE MADAME HY

Il me semble encore voir cette bonne tante, assise dans son fauteuil, me souriant lorsque je lui rendais visite, ce qui avait lieu presque chaque soir, à mon
arrivée à Rennes, alors que je ne connaissais presque personne.

Anne-Marie Jeanne Morel Bois-Greffier, veuve Hy, était née à Bain le 20
décembre 1771. Elle habitait dans la rue du Vau Saint-Germain, tout près de
l'église de ce nom, un appartement au second étage avec une grande galerie donnant sur une cour habitée par des mendiants.

«Regarde-les bien, me disait ma tante, et tu verras qu'ils ne sont pas à plaindre. Ils font d'excellentes recettes aux portes des églises et ailleurs, aussi se nourrissent-ils comme des bourgeois. Ils prennent leur café, avec eau-de-vie, au repas
de midi, et souvent, le dimanche, ils s'offrent un poulet à la broche.»

Cette cour d'éclopés m'amusait beaucoup.

Mme Hy avait une chambre garnie qu'elle louait à un horloger, ou plutôt à un
artiste en horlogerie, qui plus tard obtint les palmes académiques pour diverses
inventions savantes.

Beaupuy était alors un tout jeune homme appartenant à une excellente famille des environs de Bordeaux. Nous ne tardâmes pas à faire connaissance et à
nous lier assez intimement.

Je restais des heures entières dans son atelier à le regarder travailler, ou à le voir
tirer, avec une carabine Flobert, les petits corbeaux des tours de l'église Saint-
Germain. Ces oiseaux morts ou blessés tombaient dans la cour des mendiants
qui s'écriaient: «Bien sûr qu'il y a une maladie chez ces oiseaux car il en meurt
tous les jours».

La vieille Louise, la bonne de ma tante, qui faisait la chambre de Beaupuy,
avait à subir les plaisanteries de ce dernier à cause de son nez qu'il qualifiait de
piton, et dans lequel la vieille fille logeait une quantité considérable de tabac à
priser.

Elle ne se fâchait jamais car Beaupuy était très généreux avec elle, et lui offrait,
le soir, en hiver, un verre de vin chaud, boisson que nous prenions souvent avant
de nous séparer.

Les parents de Beaupuy étaient propriétaires de vignobles, et chaque année, ils envoyaient une barrique de vin à leur fils.

La pauvre tante Hy eut bien du chagrin lorsque son fils Joseph, greffier à la Cour, qui vivait avec elle depuis plus de cinquante ans, se maria avec une personne qui ne lui convenait sous aucun rapport. Ce fut un amour sénile qui abrégea les vieux jours du vieux gars, et malheureusement aussi ceux de sa mère.

Sa mort, qui eut lieu le 10 janvier 1857, me causa un profond chagrin. Mon père vint me rejoindre pour assister à ses funérailles.

Cette chère et regrettée bonne tante, dont je possède un portrait au daguerréotype fait par son fils Joseph, aimait à me raconter les épisodes de la Révolution dont elle avait été témoin, et le séjour des Prussiens dans notre pays, en 1815. J'ai publié ces récits dans mon histoire de Bain.

Mes voyages à Combourg

Mon oncle, M Hy, ayant été nommé percepteur à Combourg, j'allais le voir quelquefois le samedi soir. C'était en été, le plus souvent, alors je prenais la voiture de Hédé, et j'effectuais le reste de la route à pied. Mon oncle, informé de mon arrivée venait au-devant de moi.

Je profitais des fêtes de Pâques ou de la Pentecôte pour deux jours avec lui.

Quelles bonnes promenades nous faisions dans les belles avenues du château de l'auteur du *Génie du Christianisme*!

Nous allions aussi rendre visite à M. Joseph Blaise, le neveu de Lamennais, à son château de Trémigon où se trouvent les beaux étangs qu'on aperçoit du chemin de fer de Rennes à Saint-Malo.

Nous allions aussi au Val, propriété de M. du Petitbois, situé dans un site charmant.

M. Hy était extrêmement gai et aimait la jeunesse, aussi avait-il déjà dans le pays de nombreux amis, principalement des fils de famille qui faisaient leur stage de notaire chez les tabellions de Combourg.

Parmi eux, il y avait :

De Noual de la Billiais qui a été notaire à Tinténiac ; Mordrelle qui a été notaire à Tresbœuf ; Richard, qui est devenu notaire à Combourg ; de la Chesnaye, étudiant en droit, etc.

Avons-nous passé de joyeux moments ensemble !

Mes amis de Rennes, Marchand, Hamon et Devalz eux aussi allaient à Combourg rendre visite au petit papa Hy comme nous l'appelions.

Quels bons repas sa bonne, la vieille Jeanne, nous préparait.

Nous prenions le punch, le soir, en nombreuse société, et en chantant des chansons de Béranger jusqu'à minuit.

Quand mon oncle venait à Rennes, nous passions nos soirées au café du Cirque, afin d'être en tête-à-tête pour causer de tout ce qui pouvait nous intéresser.

Mon Dieu! Que ce temps est loin (cinquante ans), et depuis, que de malheurs, de chagrins, de douleurs il a fallu subir...

LES AMIS DE L'HÔTEL PIRÉ

Pendant les douze années passées dans cet hôtel, combien de générations d'étudiants ai-je vu défiler.

Nous étions toujours, en hiver notamment, trente-cinq à quarante pensionnaires.

Que sont devenus ces braves jeunes gens si plein de vie, d'enthousiasme, d'illusion?

Que de farces, que de folies ne faisaient-ils pas et moi avec eux.

Beaucoup ne sont déjà plus de ce monde.

Lecouturiers surnommé Phémie, en souvenir de la *Vie de Bohême,* était un gentil garçon, spirituel, mais d'une santé très délicate. Il avait peur de coucher seul dans sa chambre garnie, et allait fréquemment demander l'hospitalité de la nuit à l'un de ses amis. Il a été procureur de la République et est mort jeune.

Gruget, dit Mérinos, à cause de ses cheveux frisés était très drôle et très amusant. Il fut avoué à Ancenis et est mort en 1903 à Nantes.

Léonce de Gibon, de Redon, garde général des Eaux et Forêts, n'est plus. Ce fut avec celui-là que je me liai davantage.

Auguste Destouches et Lisillour, les deux poètes dont je possède les œuvres. J'ai publié, dans *l'Hermine,* la biographie du premier qui fut d'abord maître d'études au lycée, puis secrétaire particulier du préfet Féart. Il est allé mourir en Normandie.

Lisillour et lui publièrent un feuilleton dans *l'Auxiliaire breton.*

Cauran, du Finistère, a été sous-préfet de Brest et député au Corps législatif. Il est aujourd'hui aveugle.

Dominique Le Nouvel, de Lannion, le plus original de tous, qui a été magistrat à Nossi-Bé et qui est mort juge dans une autre colonie.

Il y en eut beaucoup d'autres qui furent simplement des camarades, Martin, devenu maire de Saint-Malo, Jansions (avocat dans la même ville), Castonet, fils d'un docteur médecin d'Angers, Cacault, notaire aux Herbiers, du Plessix, de Roman, de Juigné et tant d'autres.

Il y avait aussi le clan des aristocrates que nous fréquentions peu (à l'exception de La Pinelais devenu magistrat). Les du Guilliet, de Kersauson, de Kerenfleck, etc.

LES VRAIS AMIS

Léon Chaillou, mon collaborateur dans les bureaux de la Préfecture, me fit faire la connaissance d'Emmanuel Chevrolais, alors étudiant en droit, plus tard avoué, et qui est resté l'ami fidèle jusqu'à sa mort.

Un autre employé de mon bureau, Ernest Hunault, fils d'un notaire de Bais, fut fort aimable pour moi. Il quitta l'administration départementale pour entrer dans les postes où je le retrouvai à Paris à l'exposition de 1857. Nous passâmes, en compagnie de Louis Hamon, d'heureux moments tous les trois.

J'étais descendu, à Paris, chez Hamon qui n'avait qu'un petit lit de fer pour nous deux, et encore ce lit était trop petit pour moi, de sorte que mes pieds dépassaient les tringles de fer. Mais nous étions jeunes, et malgré les courses pendant des journées entières, et les soirées au théâtre, quelques heures de sommeil suffisaient pour nous défatiguer.

Après cela ce fut les deux frères Delys, fils d'un tanneur de la rue de Brest, que mon père avait connu, avec lesquels je me liai intimement. L'aîné Théo, devint pendant les dernières années de sa vie l'hôte de mon foyer. C'était un causeur aimable qui avait voyagé dans le monde entier et narrait avec charme ce qu'il avait vu.

Les deux frères Delys, taillés en athlètes sont morts jeunes des excès d'une vie à outrance.

Un ancien notaire de Rennes, M. Édouard Delatouche, presque un vieillard, qui travailla pendant quelques années dans les bureaux de la Préfecture, devint aussi lui, plus tard, l'ami de la maison. Il venait le soir, plusieurs fois par semaine, nous lire ses vers dont il était fier bien qu'ils fussent médiocres.

C'était un brave et digne homme, pauvre et malheureux, qu'on a trouvé mort dans son lit un matin de premier de l'an. Il était venu, la veille au soir, apporter à ma femme un sonnet dans lequel il lui souhaitait une heureuse année.

Tous ces pauvres vieux sont morts.

Il ne me reste plus de mes amis de jeunesse que le général Marchand et Arthur Chauvel du Rumain. Ce dernier, lorsque je le connus était surnuméraire de l'enregistrement, et il occupe aujourd'hui à Paris, un poste important dans cette administration.

Très liés tous les deux, nous fîmes autrefois de bien charmantes promenades à Pont-Réan et ailleurs ; mais il est loin, marié, père de famille, et l'absence a fait oublier l'affection que nous avions jadis l'un pour l'autre.

Lorsque je fus nommé Chevalier de la Légion d'honneur, je reçus les félicitations d'un ancien ami oublié, lesquelles me rappelèrent de doux souvenirs et me firent grand plaisir. Elles émanaient de M. Gaudin, que j'avais connu à l'âge de dix-huit ans au bureau de l'enregistrement de Rennes, et qui avait quitté cette administration pour acheter une étude de notaire. Ce pauvre garçon, à cette époque, était tellement myope, qu'il avait de la peine à se conduire.

Lorsqu'il m'écrivit, il habitait, en propriétaire, l'avenue du Grand Chêne, parc Saint-Maur, numéro 40 (Seine).

Voilà deux ans que je ne reçois plus sa carte au premier de l'an. Lui aussi a dû quitter ce monde.

Napoléon III à Rennes

En 1858, Napoléon III et l'Impératrice vinrent en Bretagne. Ce fut un grand événement dans notre pays.

Comme ils devaient loger à la Préfecture, lors de leur passage à Rennes, et que les appartements se trouvaient insuffisants pour y installer le personnel de leur suite, on nous intima l'ordre de leur abandonner nos bureaux. Nous allâmes nous réfugier dans l'hôtel Cuillé au bas de la Motte.

Que d'ennuis pour transporter nos registres, nos cartons, nos dossiers sans en égarer un seul. Et comment s'installer pour retrouver tout cela. Enfin nous y arrivâmes mais le déménagement dura huit jours. À peine installés il fallut revenir à la Préfecture et transporter une seconde fois nos paperasses. En avons-nous avalé des microbes ; mais à cette époque ils étaient inoffensifs paraît-il, car aucun de nous ne fut malade.

Les fêtes se succédèrent sans interruption, et j'assistai au bal de l'hôtel de ville où je pus considérer à mon aise les traits de Louis Bonaparte et de sa ravissante épouse.

Les souverains acclamés par la foule qui se pressait sur la place, se montrèrent plusieurs fois au balcon.

L'Empereur et l'Impératrice, tous les deux heureux et fiers de l'accueil enthousiaste des Bretons ne se doutaient guère de ce qui les attendait douze ans plus tard. Nous étions cependant plus heureux à cette époque qu'aujourd'hui. Les francs-maçons n'étaient pas les maîtres.

Mon père était venu voir les fêtes, et je fus assez maussade pour le laisser promener seul préférant être avec mes amis.

Que de fois j'ai regretté ma conduite à l'égard de ce bon père qui fut sans doute très malheureux de cet abandon et qui ne le fit pas voir.

Il m'exprima son mécontentement pour le fait suivant : Afin d'être plus libre j'avais quitté l'hôtel Piré, pour aller dans une chambre garnie quai de l'Université, et je prenais ma pension au petit restaurant Boisadan, dans le Vau Saint-Germain.

Mon père qui prit quelques repas avec moi, vit que les habitués de ce restaurant laissaient beaucoup à désirer et me manifesta ses regrets de la détermination que j'avais prise.

Ma mère, plus tard, elle aussi me blâma, et obtint de la famille Louis, propriétaire de l'hôtel Piré, ma réintégration pour les repas dans cette maison.

Mon ami l'étudiant en droit Dominique Lenouvel, qui adorait la chasse, supposant bien que les gendarmes, les gardes champêtres et gardes particuliers, étaient tous à Rennes le jour du passage de l'Empereur, profita de la circonstance pour aller à la Chaussairie, près de Rennes, faire une rafle de gibier sur les terres du marquis de Piré.

MESDAMES LEBASTARD ET JOUET

Lorsque je me rendais à Bain pour y passer la journée du dimanche, nous allions, mon frère et moi, promener dans la campagne, et nous rencontrions, dans les avenues de la Bodais, deux dames assises sur des pliants, au pied d'un chêne, et lisant les *Lettres* de Madame de Sévigné.

Ces dames intelligentes et instruites étaient fort aimables. L'une d'elles, Mme Lebastard était veuve du greffier de la Justice de paix, l'autre Mme Jouet, veuve d'un propriétaire avait pour fils notre camarade d'école Elie Jouet.

Ce garçon était allé terminer ses études à Rennes et était revenu à Bain comme agent de la compagnie d'assurances Le Phénix, en remplacement du père Jollivel (dit *Potto*) qui venait de mourir.

Ce pauvre Jouet, atteint de la maladie de poitrine, s'éteignit jeune. Il avait eu cependant le temps de former un portefeuille comprenant de nombreux assurés, de sorte que sa succession comme agent général de la compagnie Le Phénix fut sollicitée par de nombreux jeunes gens.

Parmi eux figuraient mon frère et notre camarade d'école René Briand, alors secrétaire de la mairie de Bain.

Jules me pria de lui rédiger une demande destinée au directeur de la compagnie. Je m'empressai de le faire et ce fut lui qui fut choisi.

Lorsque l'inspecteur vint l'installer il lui dit : « M. de Buffon a prétendu que l'on reconnaissait l'homme à son style, et c'est votre lettre qui a décidé le conseil d'administration à vous nommer notre représentant. »

Mon frère me fit part de cette conversation, et j'en fus très flatté.

Cher frère Jules ! comme je l'aimais ! avec quel plaisir je parcourais le pays avec lui : les petits chemins creux de la croix des Haies, notre vieille lande, ses champs des Bourdonnais, les bois du Riffray et de la Marzelière, le coteau des Bruyères, le moulin de Rolland, la Pierre Longue, que de fois nous avons visité ces lieux charmants. Je ne puis y retourner sans avoir le cœur angoissé.

MA VIEILLE LANDE

Mon père ne possédait que l'humble maison que nous habitions et un coin de lande, sur le versant d'un coteau à quatre kilomètres de chez nous.

Comme nous l'aimions cette lande, mais aussi comme elle était jolie et quel ravissant paysage elle avait pour cadre.

Tout en bas, coulait un ruisselet dans les eaux limpides duquel je crois voir encore passer avec une rapidité vertigineuse des bandes de petits poissons que nous appelions loches ou vairons. Nous n'étions pas bien certains de leur véritable nom.

Cette lande était aride et ne nous rapportait pas un sou. Le haut, brûlé par le soleil, s'appelait le *gril,* et le bas, dont le sol noyé par les sources cédait sous les pas, portait le nom de *fondrières.*

Tout l'hiver, à son sommet, les ajoncs fleurissaient, même sous la neige. Au printemps sortait de la mousse la luzule champêtre, petite joncée charmante longue comme le doigt, avec des épis de couleur brune. Après cela c'était le tour de la violette aux feuilles lancéolées, puis la jolie labélior aux fleurs bleues, et pendant les chaleurs de l'été croissaient les bruyères roses, les gentianes, l'anthèricum et les seilles.

Les alouettes y faisaient leurs nids, et s'enlevaient dans l'air en chantant. Les traquets, aux vives couleurs, se balançaient sur la branche la plus élevée des ajoncs.

Nous y allions dans la belle saison, mon père, mon frère et moi, presque tous les dimanches, et comme la lande n'était pas close notre principale occupation était de rechercher les bornes qui nous indiquaient ce qui était à nous.

Ce n'était pas chose facile au milieu des ajoncs et des bruyères. Néanmoins nous y mettions une telle bonne volonté qu'après une heure de recherches nous finissions toujours par découvrir les bornes enfoncées en terre par des hommes de loi, simples pierres qui, pour les paysans, sont des choses sacrées.

Si plus tard, à la mort des grands-parents Delaunay, nous avons hérité de la grande et belle prairie qui fut la joie de ma mère, si après une vie de labeur et d'économies nous avons acheté d'autres terres, c'est toujours la vieille lande aride, brûlée dans le haut et noyée dans le bas, qui est restée ma préférée.

LE DOCTEUR TUAL

Le docteur Tual a été l'organisateur du service des enfants assistés dans l'Ille-et-Vilaine. Ce travail de plusieurs années, avec des courses à cheval à des distances considérables et par tous les temps et en toutes saisons, le fatigua tellement que le pauvre homme devint aveugle.

Par reconnaissance on lui conserva son emploi en lui adjoignant le docteur Drouadaine.

Celui-ci parcourait la campagne à son tour, visitait les enfants et proposait à son chef telle modification qu'il jugeait utile, ainsi que le chiffre des secours qu'il convenait d'accorder aux filles-mères qui élevaient leurs propres enfants.

M. Tual, seul correspondait avec le préfet, et lui adressait les rapports concernant le service ; mais pour cela il lui fallait un secrétaire et je lui avais été indiqué.

Ayant accepté ce surcroît de travail, avec un supplément de traitement, je me rendais, chaque soir, à son domicile passer quelques heures, à lui lire les notes du docteur Drouadaine, et à écrire sous sa dictée.

C'était un excellent homme que M. l'inspecteur, et nous devînmes promptement, malgré la différence d'âge, de vrais amis.

Il demeurait chez une dame Barbedor, rue de la Monnaie, en face l'hôtel Jullien. Une petite chambre située au rez-de-chaussée de cette maison donnant sur la rue, et dans laquelle on entrait par une cour, était à louer. Afin d'être plus près du docteur je passai un bail avec le propriétaire, j'achetai des meubles et je m'installai définitivement chez moi.

Comme elle était gaie ma petite chambre ! et quelles bonnes années j'y ai passées !

Mme Barbedor possédait une très belle propriété, appelée la Grande-Herpe, près de Saint-Hélier, derrière les ateliers de la gare. Elle y passait l'été et M. Tual l'accompagnait.

Chaque soir, après mon dîner (toujours à l'hôtel Piré), je me rendais à la Grande-Herpe travailler avec l'inspecteur. Souvent j'y couchais car on m'y avait préparé une chambre, et alors nous passions une partie de la soirée dans le jardin.

Le vieillard était heureux de m'avoir près de lui, surtout si je lui lisais le journal ou les livres nouveaux que je pouvais me procurer.

Je me souviens qu'ayant acheté *L'oiseau,* de Michelet, je lui lus ce livre qui lui causa un plaisir extrême.

Hélas! Mme Barbedor mourut, M. Tual, de plus en plus souffrant, prit sa retraite et alla habiter le second étage d'une maison appartenant à la famille Besançon, dans le bas de la rue Saint-Malo.

J'allai le voir souvent et c'est là qu'il s'est éteint. Sa vieille bonne Jeannette, qui l'avait suivi, doit être morte, elle aussi, depuis longtemps.

Un jour le docteur Drouadaine étant venu me voir dans ma petite chambre de la rue de la Monnaie, remarqua chez moi un petit tableau d'un peintre rennais, Pierre de Beaucé. Je ne me souviens plus d'où me venait cette peinture.

—J'ai soigné cet artiste, me dit le docteur, et je serais très heureux d'avoir quelque chose de lui. Si vous vouliez échanger ce paysage contre des coquillages vous me feriez plaisir.

Je n'osai refuser, et bien des fois depuis, j'ai regretté mon tableau.

SOUVENIR RÉTROSPECTIF

Il est un passage de mon existence que j'ai omis d'écrire, et que je ne devais cependant pas oublier. Il s'agit du tirage au sort, du conseil de révision et de l'achat d'un remplaçant à l'armée.

Je ne passe pas dans la rue de Lohéac, à Bain, sans regarder une maison de modeste apparence qui fut jadis la mairie.

Le secrétaire, toujours à son poste, était un ancien militaire du Ier Empire appelé M. Germain. Il avait eu, dans un combat, plusieurs doigts d'une main coupés d'un coup de sabre.

Ce fut dans cette mairie que je tirai au sort, en 1854, devant le sous-préfet de Redon M. Monnier du Pavillon. J'amenai, du fond de l'urne, le numéro 54 qui était un très mauvais numéro, les conscrits de cette classe dépassant le nombre 100 pour le canton de Bain.

Maigre et très élancé je supposais que, peut-être, j'aurais été réformé. Il n'en fut rien, l'on me déclara propre au service.

C'était au moment de la guerre de Crimée, et les remplaçants étaient rares et se payaient fort cher. Je trouvai cependant un vigoureux gaillard, de la commune de Bourg-des-Comptes que mes parents hébergèrent pendant de longs mois. Il se montrait exigent ; il lui fallait tantôt une montre, tantôt un fusil et un permis de chasse que l'on n'osait lui refuser. Enfin, présenté devant le conseil de révision, il fut refusé pour une cicatrice adhérente au genou.

Le moment de partir approchait, notre embarras était grand.

Je finis par découvrir à Rennes une petite bonne femme, demeurant rue Vasselot, qui faisait le métier de fournir des soldats à ceux qui avaient le moyen de les payer. Elle s'engagea à m'en faire admettre un, moyennant trois mille francs.

J'avais bien quelques économies, mais qui étaient loin de s'élever à pareille somme. Le préfet, ainsi que je l'ai raconté, avait dit à M. Deluen, notaire et conseiller général du canton, de m'avancer l'argent qui me manquait et qu'il le rembourserait si c'était nécessaire. M. Deluen, qui me portait de l'intérêt se chargea seul de mon affaire.

Je le remboursai assez promptement par suite d'une circonstance toute fortuite :

On construisait alors la ligne du chemin de fer de Rennes à Redon, et un M. Ogerdias, chef de section de cette ligne me demanda si je consentirais à l'aider dans ses écritures, le soir, à son bureau, à raison de un franc l'heure. J'acceptai avec empressement, et je travaillai le long des nuits pour arriver à mettre de côté l'argent qui devait me libérer de ma dette.

Mon remplaçant était un pauvre petit paysan de l'arrondissement de Montfort qui fut envoyé sur le théâtre de la guerre d'où il n'est jamais revenu.

LA MORT DE MON PÈRE

L'année 1861 fut pour moi le commencement des grands chagrins de la vie. Mon père souffrait depuis longtemps, et souvent je l'entendais se plaindre dans la tonnelle du jardin où il passait une partie de ses journées.

Son mal s'aggrava, et le docteur Briand qui le soignait m'appela, un dimanche matin sur la place devant notre maison, et me dit : « En ta qualité d'aîné je crois devoir te prévenir que ton père est atteint de la phtisie des vieillards, et qu'il n'a plus grand temps à vivre ». Effrayé, je consultai ma mère, et nous décidâmes qu'aussitôt de retour à Rennes, je prierais le docteur Pinault de venir voir notre cher malade. Il y vint, en effet, mais malheureusement trop tard. En voyant, dans le lit, la figure jaune de mon père et le ventre ballonné, le docteur Pinault dit à son collègue de Bain : « Cet homme est affecté d'une maladie de foie d'une gravité extrême ».

Notre pauvre malade avait été traité pour une autre maladie que celle qu'il avait réellement, et les drogues absorbées n'avaient fait qu'aggraver le mal en lui causant des douleurs atroces.

Il allait toujours s'affaiblissant. Je me souviens qu'un jour des musiciens allemands – il en circulait beaucoup à cette époque dans toute la France – jouaient, sur la place, devant notre demeure, et faisaient beaucoup de bruit avec leurs instruments de cuivre.

J'allai pour fermer la porte, bien qu'il fît très chaud, craignant que cette musique n'incommodât le malade.

— Laisse la porte ouverte, me dit-il, ne me prive pas des derniers airs que j'entendrais.

Mon père s'éteignit le dimanche soir du 2 juin 1861, vers neuf heures, à l'âge de 67 ans.

M. Arthème Baudouin, notre ami, était avec nous lorsqu'une gardienne vint nous dire : « M. Orain est beaucoup plus mal ! ». Je me précipitai vers le lit et ayant pris les mains du malade, je remarquai que des larmes coulaient de ses yeux. C'était à peine si l'on percevait son souffle qui, soudain, cessa.

Mon pauvre père avait tellement souffert pendant des années que son corps était usé, aussi n'eut-il pour ainsi dire pas d'agonie.

L'inhumation eut lieu le mardi matin 4 juin.

Nous n'étions pas sortis depuis plusieurs jours mon frère et moi, aussi notre mère nous engagea-t-elle l'après midi, à aller un instant dans la campagne. Nous dirigeâmes nos pas vers le village des Riais, dans la jolie vallée de Guinebert, où s'était écoulée l'enfance de notre père.

Là, un orage nous surprit, la pluie tombait abondamment et nous dûmes chercher un abri sur un talus au pied d'un chêne. Je ne suis jamais passé à cet endroit sans me rappeler cette triste journée de deuil et les deux êtres chers qui ne sont plus mon père, mon frère !

Les jeunes gens n'ont qu'un désir : s'affranchir de la tutelle des parents, quitter la maison familiale, jouir d'une entière liberté.

Pauvres fous ! Quand, vieux à leur tour, ils se souviendront de l'abandon de ceux qui les avaient tant aimés, comme ils regretteront le chagrin qu'ils leur ont fait. Il sera, hélas ! trop tard, personne ne répondra à leur appel dans les moments d'angoisse. Ils pleureront, comme moi, de ne pas avoir assez aimé ceux qui les ont choyés dans leur enfance.

Mes bons et fidèles amis de Rennes me témoignèrent toute leur sympathie dans la cruelle épreuve de cette année néfaste. Chaque jour j'avais la visite de quelques-uns d'entre eux : Emmanuel Chevrolais, Théophile Delys, Léonce de Gibon, Léon Chaillou, Charles Le Tonturier et tant d'autres.

Je n'oublierai jamais leur bonté envers moi, et les promenades faites à Pont-Réan en compagnie d'Arthur Chauvel du Rumain, le seul survivant de tous ces chers camarades.

Un poète a dit : « On se souvient toujours avec charme des gens qu'on voyait à vingt ans ».

Non. C'est avec tristesse qu'on se souvient de ceux qu'on a connus dans sa jeunesse.

Henri Roul de la Hellière

Henri Roul de la Hellière fut mon commensal à l'hôtel Piré, et mon ami lorsqu'il était, comme moi, employé dans les bureaux de la Préfecture.

C'était un grand garçon d'une force athlétique et qui, à table mangeait comme quatre. On racontait qu'au lycée le proviseur allait se placer derrière sa chaise pour l'admirer engouffrer tout ce qu'il avait devant lui.

À la table de l'hôtel Piré, quand il se servait d'un plat, il mettait dans son assiette tout ce qu'elle pouvait contenir.

Bien que très brusque, c'était cependant un bon camarade.

Un samedi soir il m'offrit de m'emmener à Corps-Nuds, dans sa famille, pour chasser le lendemain dimanche. J'acceptai volontiers et le soir, à table, je me trouvais à côté de la fiancée de mon ami qui est devenue sa femme et la mère de beaux enfants.

À la fin du dîner quelqu'un fit la remarque que le ciel s'était obscurci et, bientôt en effet, la pluie fouettait avec force les carreaux de la fenêtre de ma chambre.

Le lendemain matin, même déluge, aussi restai-je à songer en mon gîte pendant que mon ami maugréait au-dessous de moi dans la cuisine.

Las de rêver, et la faim aussi me poussant, je descendis à mon tour et fus témoin du dialogue suivant échangé entre mon hôte et sa mère :

— C'est fort ennuyeux, disait celle-ci, en allant à la messe j'avais prié la boulangère d'envoyer du pain et je n'en vois pas.

— Elle est cependant venue, répondit le fils.

—Alors où est le pain ?

—Je crois que je l'ai mangé.

—Comment ! un pain de trois livres !

—Ma fois, oui. Ce pain était frais, le beurre était bon, et il y a dans le jardin certains petits oignons verts qui en sont un peu la cause.

Comme je connaissais l'appétit formidable d'Henri Roul, je ne fus nullement surpris d'apprendre qu'il avait mangé trois livres de pain avant le déjeuner.

Vers onze heures la pluie cessa ; mais comme la terre était détrempée, les perdrix ne devaient pas tenir, et il était inutile de songer à chasser au couchant.

Il fut décidé que nous irions, avec des chiens courants, chercher un renard dans un taillis voisin.

Ce bois était tellement mouillé, que vouloir y pénétrer c'était consentir à prendre un bain froid, chose que je n'ai jamais aimée. Je laissai donc les chasseurs se glisser dans le bois dont je me contentai de faire le tour.

Je n'ai jamais eu le feu sacré du vrai chasseur. J'avais ordinairement dans mon carnier un livre que je lisais au coin d'une haie, regardant un oiseau qui passe, écoutant chanter la grive dans les pommiers ou le rouge-gorge dans les haies. Cela m'a réussi quelquefois et en voici la preuve :

Je m'étais arrêté à l'intersection de plusieurs chemins, près d'une croix de bois, au pied de laquelle je m'étais naturellement assis pour mieux jouir d'un rayon de soleil.

Tout-à-coup les chiens aboient, et j'entends un léger frôlement dans les genêts d'un champ en face de moi ; je me lève doucement, sans bruit, je prends mon fusil, et au même instant un superbe renard franchit la haie qui me séparait de lui, et file sur la route comme une flèche.

Je tire – je n'ose dire j'ajuste, car je ne sais vraiment pas si j'ai ajusté – et le renard tombe, se tordant dans les spasmes de l'agonie.

Quelle joie ! c'était mon premier renard. Les vrais chasseurs me rejoignent mouillés jusqu'aux os, et rentrent bredouilles, tandis que moi, fieffé paresseux et détestable tireur, je m'en allai fier de mes succès.

N'est-ce pas souvent ainsi dans la vie ?

MON PETIT LOGEMENT

Cher petit appartement de la rue de la Monnaie, que de doux souvenirs il évoque à mon esprit. J'avais une sorte de petit salon au rez-de-chaussée, et une chambre à coucher au premier. Je me tenais ordinairement en bas où les joyeux amis d'alors venaient me visiter. Que de soirées d'été passées à ma petite fenêtre donnant sur la rue où je pouvais même converser avec les passants.

C'est de cette fenêtre que j'aperçus la jeune fille, sortant de pension, qui devait être bientôt ma femme, celle qui devait assurer le bonheur de ma vie.

J'étais si souvent à cette croisée qu'une jolie Anglaise, de passage à Rennes, et descendue à l'hôtel de mes futurs parents, leur dit en parlant de moi : « Ce monsieur demeure à sa fenêtre. »

Hélas ! elle n'existe plus cette chère petite fenêtre, elle a été agrandie et transformée en porte pour éviter de passer par une cour par laquelle j'entrais.

MA NOCE

Je me mariai le 14 avril 1863.

M. Robinot Saint-Cyr, alors maire de Rennes, nous fit un joli petit discours, nous prédisant une union heureuse puisque l'amour seul nous avait attirés l'un vers l'autre.

Mon frère fut mon garçon d'honneur et j'eus pour témoin M. Deluen notaire à Bain et conseiller général.

La mariée avait pour fille d'honneur sa gentille petite sœur Marie Tullien, et pour témoin M. Duval, maire de Paimpont, directeur de forges et conseiller général.

De nombreux amis nous entouraient. Le bon Niolet, lieutenant d'artillerie, Arthème Baudouin, receveur de l'enregistrement à Bain, le voyageur Théophile Delys, mes collègues Demeuré, Alliou, Saulgeot, l'avocat Foucqueron.

Je n'ai plus que leurs noms pour me souvenir d'eux, tous hélas ! sont morts.

NOS VOYAGES À BAIN

Au début de notre mariage, nous allions souvent, le samedi soir, à Bain, par la diligence partant à quatre heures de Rennes.

Avec quelle joie nous étions accueillis par ma mère et le frère Jules !

Quelles promenades charmantes nous faisions tous les quatre le dimanche !

Un jour de Fête-Dieu, mon frère nous dit : « Cet après-midi a lieu la procession aux reposoirs, les gendarmes et le garde champêtre vont escorter le maire et le conseil municipal (c'était sous l'Empire), nous pouvons donc, sans crainte, aller dans le bois du Riffray tuer quelques tourterelles. »

Nous y allâmes, et commodément assis sur la mousse, à peu de distance d'un arbre de haute futaie, Jules attira de sa poche un appeau avec lequel il imitait à s'y méprendre le chant de la tourterelle. Elles arrivèrent, ces charmantes petites bêtes, les unes après les autres et le chasseur en tua sept en moins de deux heures.

Nous les apportâmes à Rennes, et les offrîmes à mon beau-père qui les fit servir sur sa table d'hôte avec ce titre, sur le menu du dîner : « Colins d'Amérique. »

D'autres fois nous allions, toujours avec le frère Jules cueillir, au printemps, des sylvies le long des ruisseaux et des asphodèles dans les bois.

Les sylvies sont de ravissantes anémones, les unes toutes blanches et d'autres tintées de rose. Elles sont très nombreuses dans les lieux humides.

À l'époque de la chasse, le soir, nous attendions avec impatience le retour de Jules, et c'était des exclamations sans fin en voyant sortir de la carnassière, perdrix, cailles, bécasses, lièvres, etc.

Mon frère était un tireur remarquable, et il tuait, en moyenne, 300 perdrix par hiver. C'était au point que notre mère aspirait à la fermeture de la chasse pour remplacer le gibier par de la viande de boucherie.

Ma fille naquit le 26 janvier 1864. Elle ne nous donna aucune inquiétude pendant sa très jeune enfance ; mais vers l'âge de trois ans elle fut atteinte d'un mal d'yeux, qui mal soigné par les médecins de Rennes, nous causa une inquiétude affreuse. Il n'y avait pas de spécialistes comme à présent, et l'on nous obligeait à faire vivre notre enfant dans une chambre noire qui lui enlevait non seulement la gaîté, mais aussi l'appétit et la santé.

Ma femme se décida à la conduire à Paris où le célèbre docteur Desmars – que Dieu bénisse – la guérit sans pouvoir corriger le strabisme qui lui a enlevé une partie de sa beauté native.

Enfin nous l'avons conservée tandis que nous avons perdu nos deux garçons, Marcel et André, qui furent pendant quelques années nos plus grandes joies, et dont la mort a été une douleur qui se fait sentir à chaque instant de la vie.

Ah ! les souvenirs ! s'ils rappellent à d'autres des moments heureux, ils n'évoquent chez moi que des chagrins.

Oh ! mon André, mon fils ! je ne puis y songer sans que mon cœur se brise.

JUIN 1906

Voilà huit jours que je parcours les chemins de mon pays de Bain qui me fut si cher jadis et où tout est changé. Pourquoi survivre à ce qui charma votre enfance? Les bois que j'aimais ont été abattus. Les sapins de la Bodais à M. Vauclin n'existent plus et leur emplacement a été défriché. C'était là que j'allais en hiver, après les heures de bureau, en compagnie de l'oncle Hy, tirer les ramiers et les merles. Tout s'efface, tout disparaît.

Il n'y a plus que les petits chemins creux qui me rappellent les dernières paroles de mon frère. Quelques jours avant sa mort, il me dit tristement en me voyant entrer dans sa chambre: «Tu viens de te promener dans nos petits chemins, moi je ne les verrai plus!»

Pauvre frère Jules!

❧ ❧

Aujourd'hui 13 juin 1906, me voici assis à lire dans un fossé comme je l'étais à 13 ans dévorant un volume qui m'avait été donné par M. Fernand Garnier: «*Voyages au pôle nord.*» Comme je suis triste aujourd'hui en songeant aux parents et amis disparus, et comme j'étais gai alors faisant le lézard au soleil au lieu d'aller à l'école du père Guillou.

Pourquoi suis-je resté le dernier à gémir? lorsque les autres, les aimés sont à dormir du long sommeil.

Même jour: au bord du Semnon au pied des rochers de Quenouard où je venais, enfant, pêcher à l'endroit qu'on appelle *l'étang de Quenouard.* J'accompagnais presque toujours les trois frères Garnier, mon oncle Hy, le percepteur, et M. Germain cet être fantasque et bon dont j'ai plus haut tracé le portrait.

Quel bon temps! et comme on ne savait pas en jouir. Triste nature humaine que la nôtre!

SOUVENIRS RÉTROSPECTIFS

Le château du Plessis-Godard

Ce château, dans la commune de Pancé, est dans une situation charmante près de la rivière du Semnon et des rochers de Quénoir. Il est converti en ferme depuis la ruine de la famille de la Renoudière. Il appartient aujourd'hui à M. de Branbuan qui, ayant sa demeure à Pancé, n'y fait aucune réparation.

Nous l'avons connu bien gai autrefois lorsque Mlle Inès de la Renoudière l'habitait avec sa famille.

C'était une jeune fille ravissante que Mlle Inès, excellente musicienne et auteur de la musique d'une opérette qui, au dire des connaisseurs, aurait eu un certain succès à la scène.

Les habitants de Bain se mettaient sur leurs portes quand elle traversait les rues de la petite ville montée sur un poney.

Son père, ancien capitaine d'état major, puis sous-préfet de Saint-Girons était un homme aimable et spirituel. Mme de la Renoudière appartenait à la vieille noblesse bretonne.

Il y avait un fils qui, à la mort du père, devint agent de change à Paris. Le malheureux fit de fausses spéculations, se ruina et entraîna dans sa ruine sa mère et sa sœur.

Le château et ses dépendances furent vendus. Les pauvres dames se retirèrent à Angers où elles sont sans doute mortes de chagrin et de misère.

Je me souviens que tout enfant, je fus conduit au Plessis-Godard par M. Jollivel et son fils Charles, tous les deux employés au bureau de l'enregistrement de Bain. Ils connaissaient les châtelains et furent bien accueillis. Pendant que les gens raisonnables causaient affaires sous de grands arbres près du manoir, Mlle Inès me prit par la main et m'emmena dans le jardin cueillir des fraises. Je ne lui ai parlé que cette fois dans ma vie, et j'ai toujours conservé le souvenir de cette gracieuse et jolie jeune fille. Chaque fois que j'aperçois, au fond des prairies près de la rivière du Semnon, le château abandonné du Plessis-Godard, je songe avec tristesse à cette infortunée famille de la Renoudière disparue et oubliée depuis longtemps par tout le monde du pays, excepté par moi.

J'avais quinze ans, et je travaillais au bureau de l'enregistrement de Bain, dont le titulaire était M. de la Blanchardière.

Un matin de novembre que celui-ci se rendait à la Robinais pour chasser avec les fils de Coniac, il me pria de l'accompagner un bout de chemin.

Une petite pluie fine commença à tomber et je le quittai sur la route de Châteaubriand près d'un petit chemin creux qui se trouve aujourd'hui à l'entrée de la route d'Ercé, tout près et du même côté que la demeure du cantonnier Fortin.

Je m'en allai par ce petit chemin qui grimpe vers le coteau de Bertaud.

Par cette matinée sombre et mélancolique j'éprouvai une sensation de poésie réelle que l'on ne ressent que quelques fois dans la jeunesse de la vie et qu'on n'oublie jamais.

Pourquoi faut-il que ces jouissances de l'âme soient aussi courtes?

15 juin 1906

Me voici assis dans ma vielle lande qui me vient de mon père.

Mon Dieu! quelle est belle et comme elle est fleurie! La bruyère rose, les gentianes bleues s'épanouissent autour de moi. C'est ici la solitude complète, seul un ramier vient de s'envoler d'un sapin.

Combien de souvenirs de ma plus tendre enfance elle me rappelle. Que de fois y suis je venu avec mon père, ou ma mère ou mon frère, et parfois avec eux tous. Hélas! ils n'y viendront plus, et moi c'est peut-être la dernière fois que je la vois. Mes jambes qui commencent à raidir n'auront bientôt plus la force de me porter jusque-là.

Même jour –Je ne puis passer devant ma grande prairie de la route de Châteaubriand sans songer à mon père.

J'avais vingt ans à peu près et j'étais dans les bureaux de la Préfecture depuis deux ans où j'attendais avec impatience une augmentation de traitement.

Je venais de l'obtenir, et j'arrivais à Bain un samedi soir heureux et fier d'annoncer cette bonne nouvelle à mes parents.

Ma mère était seule à la maison. Après l'avoir embrassée et lui avoir fait partager ma joie, je lui demandais où était mon père.

—Dans la prairie, me répondit-elle, avec les ouvriers qui sont à faner le foin.

J'y courus me jeter dans les bras de mon père et lui disant qu'avec mon traitement je pouvais me suffire et même faire des économies. Je vis des larmes d'attendrissement dans les yeux du pauvre vieillard qui m'aimait tant.

Les bords de l'étang de Bain

10 septembre 1906

Le plus grand désir de l'homme dans sa vieillesse, s'il est loin de son pays, c'est de revoir les lieux où s'écoula sa jeunesse, et lorsqu'il les revoit il ne sait que verser des larmes.

Me voici encore une fois assis sous les tilleuls au bord de l'étang de Bain. À ma gauche le coteau de Bertaud surmonté de son calvaire, devant moi le village de la Chapelle et le château de la Noë près duquel est enterré le savant chanoine Guillotin de Corson. Enfin, à ma droite, le château et les beaux bois de la Borgnière.

Quel ravissant paysage ; mais j'y suis seul… Que sont devenus ceux que j'y rencontrais dans ma jeunesse ? Mon oncle Eugène Hy, les Garnier, l'oncle Auguste Leray, M. Rihet, M. Blouin le percepteur et tant d'autres.

Hélas ! tous dorment du long sommeil où j'irai bientôt les rejoindre.

La vieille tannerie de mon père

7 Septembre 1906

Je viens d'apercevoir à travers les haies la vieille tannerie de mon père. C'est là que dans notre enfance, s'écoulèrent nos jours de congé, lorsque nous allions à l'école mon frère et moi. C'est là que tous les soirs à 4 heures, en été, nous allions rejoindre notre père. C'était l'heureux âge de la vie.

Que de luttes, de combats, de noirs chagrins il a fallu subir depuis cette époque.

Comme les souvenirs d'autrefois vous remuent douloureusement.

Un jour un petit-fils de notre bonne tante Hy, de Rennes, appelé Hippolyte Hy, vint avec nous à la tannerie. Nous allâmes jouer au bord du ruisseau qui serpente au milieu des prairies. Quand l'heure de rentrer fut venue, le petit cousin nous dit d'un air navré : « Restons encore un peu près de ce joli ruisseau. Vous le voyez chaque jour et moi je ne le reverrai peut-être jamais. »

En effet, l'aimable et charmant petit cousin mourut quelques années plus tard sans avoir revu le ruisselet qui serpente toujours derrière la vieille tannerie de mon père.

10 septembre 1906

Ah ! le Coudray. Me voici au pied de la tour en ruines qui, dans ma jeunesse, était un télégraphe aérien. Je venais souvent rendre visite à Charles Jollivel, l'agent chargé de regarder dans les lunettes et de reproduire, sans les comprendre, les signaux des télégraphes soit de Pommeniac, soit de Poligné.

Ce télégraphe de Bain, situé au milieu du bois du Coudray, sur la butte féodale d'un ancien château fort, était dans un site adorable où nous venions tous les dimanches en été.

Jollivel – né musicien et jouant de tous les instruments – faisait danser les jeunes gens, et nous amusait, nous les enfants, en nous montrant de gentils écureuils qu'il avait élevés et apprivoisés.

Il avait, près de son télégraphe, un tout petit jardin qu'il cultivait avec amour, et qui, hélas aujourd'hui est envahi par les buissons et les folles herbes.

Tout, dans ce petit coin si gai et si charmant jadis, respire la tristesse, et me cause à moi un serrement de cœur vraiment pénible. Je ne vois que ruines et dévastations aux endroits préférés de mon enfance.

5 février 1907

Il fait un froid excessif et, cependant, les perce-neige sont fleuries dans le jardin. Ma mère affectionnait tout particulièrement cette petite fleur qui, la première, annonce les beaux jours.

Elle aimait aussi les violettes qui paraissent un peu plus tard et, en les cueillant, elle chantait une chanson dont je ne me rappelle plus que le refrain :

> Il n'y a pas de violettes
> Sans le printemps,
> Il n'y a pas d'amourettes
> Sans les amants.

Comme elle était gaie et toujours aimable cette chère bonne maman comme l'appelaient mes enfants.

Un philosophe a dit : « La destinée des hommes est un grand mystère, car s'ils peuvent montrer le lieu où ils ont poussé leurs premiers soupirs, ils ne peuvent dire ni même deviner sous quel ciel ils feront entendre leurs dernières plaintes, ni le pays où leurs yeux verront pour la dernière fois la lumière du soleil, ni la terre qui recouvrira leurs dernières dépouilles. »

Comme cette pensée est vraie. Qui m'eut dit à moi petit paysan de Bain lorsque j'allais à l'école de notre vieux maître Guillou, que dans le cours de mon existence je passerais cinq mois à parcourir les Alpes, à voir les Apennins, à visiter Gènes, Pise et Florence. Que l'on me montrerait, dans cette dernière ville, la pierre au coin d'une rue sur laquelle Dante passait ses soirées à rêver à ses chefs-d'œuvre.

Qui m'eut dit aussi que je passerais les dernières années de ma vie dans un petit coin de jardin de la paroisse de Saint-Laurent près de Rennes.

Ce fut le 4 juin 1895 que nous achetâmes pour notre cher fils malade la propriété de Saint-Laurent. Le pauvre enfant le désirait vivement et c'est à peine s'il put en jouir. Il succomba à une maladie de cœur dès le 28 juillet de la même année.

Nous avions, pendant les trois ans qui précédèrent cet achat, loué tout à côté une campagne au village du Gast.

Oh! ces trois années passées avec mon fils dans un grand et beau jardin. Comme elles furent courtes! Quelles ravissantes promenades à deux, dans les champs, même le soir, tard après souper, autour de notre humble ermitage.

Quelles causeries délicieuses! André avait alors quatorze ans, il était instruit, avait beaucoup lu et raisonnait déjà comme un petit homme.

Qu'ai-je donc fait à Dieu pour m'avoir enlevé la joie de ma vieillesse?

Il m'avait déjà pris un autre fils qui lui, avait cinq ans et était également charmant. Pauvre petit Marcel, sa courte vie ne fut qu'un martyr. Son estomac ne supportait pour ainsi dire aucun aliment. Il est mort d'inanition.

Nous voici vieux tous les deux ma femme et moi, et il ne nous reste que notre chère grande fille elle aussi d'une santé tellement délicate que sa vie a souvent été en danger.

La mort de son frère André qu'elle idolâtrait lui causa un tel chagrin qu'elle tomba malade et ne s'est jamais complètement guérie.

L'on dirait vraiment que nous sommes maudits.

Je quittai, sur les instances de M. Récipon député, les bureaux de la Préfecture le 1er mai 1888 pour fonder le journal *La Dépêche bretonne* dont j'ai été l'administrateur jusqu'à la mort de son propriétaire qui eut lieu en février 1895.

M. Récipon, dont la fortune était considérable, fut pour moi et les miens un véritable ami.

En 1888, je fus pendant quelque temps son secrétaire particulier en attendant le fonctionnement du journal, et je restai plusieurs semaines au château de la Roche-Giffart.

Après cela ma femme et les enfants y passèrent deux mois de l'été chaque année où j'allais les rejoindre fréquemment.

Pendant sept ans j'ai parcouru dans tous les sens la belle forêt de Teillay si riche en souvenirs.

Les miens ont su ce qu'était la vraie vie de château, et nous y avons fréquenté de grands personnages et entre autres l'académicien Henry Houssaye.

Que de promenades j'ai faites dans les bois avec mon petit André. Je n'ai pu revoir les endroits où nous nous étions reposés tous les deux sans éprouver une douleur au cœur.

Qu'elle est belle l'ancienne forêt de la famille d'Orléans avec ses étangs, ses futaies, ses taillis, sa chapelle de Saint-Eustache, sa tombe à la fille, ses ruines de l'ancien couvent de Saint-Martin.

J'ai écrit son histoire qui m'a valu, de la part de M. Récipon qui me l'avait demandée, un superbe bronze de chez Barbedienne : « *La Méditation de Dubois* ».

Je ne reverrai sans doute plus jamais ces lieux dont le souvenir me revient souvent à l'esprit.

Je ne les reverrais plus d'ailleurs avec plaisir.

Je serais un ingrat si, dans ces souvenirs, je ne disais rien de M. de Brancion, mon dernier préfet, qui fut pour moi un véritable ami.

Il me chargea, à diverses reprises, de lui préparer des discours à prononcer en public. Je fus assez heureux pour réussir et lui plaire. Il me fit donner les palmes académiques et, plus tard, fit des propositions en ma faveur pour me faire nommer chevalier de la Légion d'honneur.

J'obtins ce qu'il désirait pour moi.

Bain, juillet 1907, 10 heures du matin

Me voilà assis sur un banc de la Chesnaie, dans ce joli petit bois dont les allées sinueuses ont été tracées par le frère Jules. Comme ces lieux étaient gais jadis et comme ils sont déserts aujourd'hui ! Personne n'y vient plus. J'y suis seul plongé dans les souvenirs d'autrefois.

Ma cousine Jeanne Desgrées se marie dans trois jours. Elle est au piano et je l'entends d'ici. Son futur, l'avocat Desmaisons, l'accompagne de son violon.

C'est la vie qui commence pour eux, tandis qu'elle s'achève pour moi.

18 juillet

J'ai voulu revoir, malgré une excessive chaleur, la lande de Lancerval, le dolmen du Châtellier, le menhir la Pierre Longue, les tombeaux de la Guinois, le village de Pinceloup, les tanneries de Gravot.

Les jolis coteaux du ruisseau de Lancerval qu'un jour mon frère me fit parcourir pour la première fois, le dolmen du Châtellier que me signala, dans ma petite chambre de la rue de la Monnaie, le docteur Fernand Garnier mort depuis longtemps hélas ! Les trilobites que l'on trouve dans les champs environnant la Pierre Longue ; le village de Pinceloup où demeurait jadis le père Migault qui avait épousé une servante de la Croix-Verte ; la tannerie de mon père dont j'ai ici parlé si souvent ; enfin le retour par le petit bois de la Chesnaie.

26 juillet

Je ne reviens jamais au pays natal sans éprouver un nouveau chagrin. Tout ce qui charmait ma jeunesse n'existe plus. Les bois où j'aimais à aller rêver ont été abattus. Les ronces ont envahi les petits sentiers qui conduisaient au télégraphe aérien sur la vieille tour féodale du Coudray. Seule une hulotte a fait entendre sur ma tête son cri désolé.

Samedi 24 août 1907, j'apprends la mort de Jules Louail mon dernier ami. Il a été inhumé hier dans l'humble petit cimetière d'Orgères, et j'en ai été informé trop tard pour l'accompagner à sa dernière demeure.

L'aimait-il sa petite patrie qui lui avait inspiré son premier livre : *Fleur-des-landes*.

Aimable et doux rêveur qui gémissait sur la disparition d'un menhir ou d'un dolmen.

Il n'était pas fait pour le commerce[6] et ses embarras d'argent ont dû abréger ses jours.

Je songe souvent à la promenade que nous fîmes ensemble de Bruz à Orgères par Bout-de-Lande, le moulin de la Chicane, la grotte du Plessis et le coteau des Dumonts où se trouvait la Pierre-du-diable aujourd'hui détruite au grand regret du pauvre Louail.

Mon cœur se brise à l'idée que je ne reverrai plus jamais cet excellent ami.

Je viens de relire sa dernière lettre, datée du 28 avril dernier, dans laquelle il me racontait la disparition de la pierre des Dumonts, et il terminait par ces mots : « Et puis, à quoi bon la perte d'une pierre au diable, s'il me reste, comme vous, un véritable ami. »

Il avait publié de nombreux petits livres dans lesquels se révèle toute son âme : *Le Pays d'Orgères, Les Chouans de Kerdor, Sur les bords de la Vilaine, Fleur-des-bois, etc.*

Quelle épidémie frappe donc les littérateurs bretons ? M. de la Borderie, le chanoine Guillotin de Corson, Decombe, l'abbé Paris-Jalobert, M. Kerviller et Jules Louail tous morts en quelques années.

31 août 1907

Me voici encore une fois à Bain, à errer seul dans la campagne.

Je suis très ennuyé pour avoir donné à Rennes, par imprudence, une signature dans la faillite du banquier Vatar qui peut entraîner, pour nous, une perte de plusieurs milliers de francs.

Préoccupé de cette idée, je marchais, absorbé dans mes tristes pensées, par les petits chemins creux qui vont du Pont-Catel au moulin de Rolland, lorsque j'ai fait deux rencontres étranges.

La première a été un crapaud, d'une couleur jaune d'or, comme je n'en avais jamais vu, et qui ne s'est pas sauvé à mon approche.

Si j'avais été près de Rennes je l'aurais emporté pour le mettre dans mon jardin.

Plus loin, j'ai entendu un léger bruit derrière moi et me retournant qu'ai-je aperçu ? une pie sur mes talons.

M'étant arrêté, j'ai déplié un papier renfermant du chocolat, et l'oiseau voyant ce mouvement s'est avancé jusqu'au bout de mon soulier.

J'ai brisé un morceau de chocolat que la pie est venue prendre dans ma main. Ayant voulu la caresser elle s'est sauvée et je ne l'ai plus revue.

Je me suis demandé si c'était l'âme du père Gicquel, mort il y a quelques années d'une façon dramatique dans un champ de la Boulais, et qui, en mourant, avait vu un animal inconnu qui a été aperçu, pendant quelque temps la nuit, par plusieurs habitants du village.

J'avais beaucoup connu le père Gicquel qui lisait mes contes fantastiques dans *la dépêche bretonne* et m'en parlait chaque fois qu'il me rencontrait.

Serait-ce lui qui viendrait se rappeler à mon souvenir sous la forme d'une pie ?

Est-ce que je deviendrais fou ?

3 septembre

J'ai rencontré au même lieu que ci-dessus, un petit paysan auquel j'ai demandé :

— Connais-tu une pie apprivoisée ?

— C'est t'y une pie qui *clopine ?*

— Comment qui clopine ?

— Oui, qui a une patte plus courte l'une que l'autre parce qu'étant petite elle a été blessée.

— Peut-être bien.

— C'est la pie à la Clavier qui vient manger notre soupe jusque dans nos écuelles.

Ce n'est donc pas l'âme du père Gicquel que j'ai rencontrée dans mon chemin.

5 septembre 1907

Les grandes landes bretonnes que j'aimais tant à parcourir dans mon enfance n'existent pour ainsi dire plus. Elles ont disparu sous le soc de la charrue, et lorsque j'en rencontre une par hasard, je la contemple avec attendrissement parce qu'elle me rappelle des souvenirs heureux.

Il en est une qu'à chacun de mes voyages je vais voir. Je l'ai présentement devant les yeux. Elle est située au nord de la petite ville de Bain près des villages de la Boulais et de la Menotière. Elle se nomme la *Grée des bruyères.* C'est un petit coteau ravissant sur le versant duquel s'épanouissent les bruyères, les ajoncs, les scabieuses, les scilles et le serpolet.

La roche perce le sol en maints endroits ce qui fort heureusement empêche de le défricher. Le ruisseau de l'étang coule dans la vallée et du sommet de la butte la vue embrasse un splendide panorama.

Je me souviens que tout petit je passai en ces lieux la nuit, sur les épaules de mon père. Ils m'apparurent fantastiques : les grillons criaient dans l'herbe, les grenouilles coassaient dans le ruisseau et les hiboux jetaient dans l'air leurs cris lugubres.

Je me cachais dans le cou de mon père tant ma frayeur était grande. Il accompagnait ma mère qui venait d'ourdir de la toile au village de la Menotière car à cette époque il y avait encore des tisserands. Toutes les femmes filaient et l'on portait le fil chez le petit fabricant de village qui travaillait dans une sorte de cave parce que, prétendait-on, l'humidité facilitait son travail.

Je viens de découvrir sur les bords du ruisseau en bas du coteau de la Grée-des-bruyères une plante qui y était inconnue il y a vingt ans. Je l'avais apportée des mares qui environnent le château de Coëtlogon près Rennes et plantée sur les bords du ruisseau de l'étang de Bain, au bas de notre jardin. Les graines se sont répandues le long de ce ruisseau jusqu'à la rivière le Semnon, et cette grande et jolie fleur rose se dresse au milieu des haies.

❧ ❧

Ma mère, je l'ai déjà dit, était très gaie, et elle se rappelait parfois des couplets de chansons chantées à sa noce par un M. de Rangerisé de la Pommeraie. En voici des bribes qui me reviennent en mémoire :

LES ANGLAIS
Comme ils sont beaux, comme ils sont frais
À quatr' pour un sou les Anglais,
Allons mes amis pour en finir
À quatr' pour un sou je les laisse
Ils sont si mûrs qu'ils en sont mous
Voilà les Anglais à quatr' pour un sou
Régalez-vous à peu de frais
Douz' pour un sou les Anglais

*

LA JOLIE JARRETIERE
Belle Iris quand d'une voix menaçante et fière
Tu me demandes parfois ta jolie jar'tière
Ta jolie jar'tière, o gué !
Ta jolie jar'tière
Pâris, ce galant Troyen à la bell' Hélène
Abandonne tout son bien sans aucune peine.
Et moi plus content qu'un roi
Oui bien heureux quand je vois
Ta jolie jar'tière, o gué !
La jolie jar'tière.
Si le pape de son chef, car il est bonhomme,
M'envoyait, avec un bref, un chapeau de Rome,
J'en ôterais le cordon,

J'y metterais sans façon,
Ta jolie jar'tière, o gué !
Ta jolie jar'tière.

Table des matières